消费餍足性假设下的收入分配与经济增长研究

吕宗耀　著

本书由鄂西生态文化旅游研究中心、国家连片特困地区（武陵山片区）农村贫困问题重点研究基地、国家自然科学基金项目（71263015）联合资助

科学出版社
北京

内 容 简 介

随着生产力的发展，过去许多传统的工作不断被现代高效智能自动化设备所取代，社会生产供给能力越来越强。本书从现代社会传统行业相继进入供给过剩阶段的现实情况出发，将经济学理论基本假设中的无餍足性假设变更为餍足性假设，认为消费的不足是由高收入群体的饱和消费有限以及低收入群体的收入水平有限共同造成的。在此基础上，分别从静态和动态两个层面做了深入分析，对微观消费效用理论和宏观消费需求理论做了部分创新性研究。

本书适合宏观经济研究的经济学者、宏观决策管理者参考阅读，也可作为高等院校经济类专业硕士研究生及博士研究生的参考用书。

图书在版编目（CIP）数据

消费餍足性假设下的收入分配与经济增长研究/吕宗耀著. —北京：科学出版社，2022.12

ISBN 978-7-03-073861-5

Ⅰ. ①消…　Ⅱ. ①吕…　Ⅲ. ①收入分配-研究-中国②中国经济-经济增长-研究　Ⅳ. ①F124

中国版本图书馆 CIP 数据核字（2022）第 220452 号

责任编辑：周春梅　戴　薇 / 责任校对：马英菊
责任印制：吕春珉 / 封面设计：东方人华平面设计部

科学出版社 出版
北京东黄城根北街 16 号
邮政编码：100717
http://www.sciencep.com

北京九州迅驰传媒文化有限公司 印刷
科学出版社发行　各地新华书店经销

*

2022 年 12 月第　一　版　开本：B5（720×1000）
2022 年 12 月第一次印刷　印张：8 3/4
字数：176 000

定价：72.00 元

（如有印装质量问题，我社负责调换〈九州迅驰〉）
销售部电话 010-62136230　编辑部电话 010-62138978-2040

前言

在人类社会的发展过程中，社会经济的发展是其中最重要的内容。经济的发展程度是由生产力决定的，生产力水平的高低决定了社会经济的发展水平。人类社会经济的发展是一个不断演进的连续过程，如果要给社会经济的发展做一个划分，每次工业革命无疑都是人类社会经济发展的关键节点，因此可将社会经济发展分为工业革命前、工业革命发生后两个阶段。

商品及服务的生产和消费始终是社会经济循环运行的两个最重要环节。在工业革命以前，虽然分工和交换早已出现，但总的来说，人类社会自给自足的自然经济是社会生产中的主要形式。在这种以自然经济为主的条件下，生产力水平低下，生产效率低，人类社会基本上是在维持生存的生活水平上徘徊，社会经济的主要矛盾是人类社会日益增长的物质文化需要和落后的社会生产力导致的产品和服务短缺的矛盾。经济活动中生产和消费问题主要体现在生产供给层面，是生产而不是消费制约了社会经济的发展。在这种时代背景下，乃至工业革命后相当一段时期内，社会经济研究工作者在思考经济问题时，将效用理论中的消费基本假设定义为无餍足①性假设，认为人们在消费商品和服务时，消费的数量越多从中获得的效用越大，即无餍足性假设条件，在过去生产力水平低下情况下是符合时代实际情况、具有合理性的。

在英国工业革命以前，英国先进行了以圈地运动为代表的农业革命，虽然农业革命只是一种农业规模上的扩大和集中，没有显著生产力水平的提升，但增加的农业产量和被驱离土地的农民，为后来工业革命的兴起奠定了原材料和雇佣劳动力的基础。随着始于英国的工业革命的兴起，过去的手工业时代进入蒸汽时代，以纺织业为代表的商品生产进入了结构性过剩时代，加速了当时世界上主要资本主义国家在全世界的殖民扩张，同时，经济危机慢慢开始成为周期性笼罩资本主义国家的阴霾。

随着人类社会的发展，工业革命由蒸汽机时代、电气化时代、信息化时代过渡到现在的智能化时代。马克思曾经说过，资产阶级在它的不到一百年的阶级统

① 餍足在《现代汉语词典》（第7版）中的解释为“满足（多指私欲）”，这里主要是指消费过程中消费需求得到满足，不再愿意增加消费数量。

治中所创造的生产力，比过去一切时代创造的全部生产力还要多，还要大。到了现代社会，只要哪种商品有需求有市场，强大的生产能力就会在短时间将供不应求迅速翻转为供大于求的状态，供大于求在绝大多数领域和行业已经和即将成为常态。

如果说经济理论中无餍足性基本假设在商品短缺的过去是一种合理的假设，那么到了现在商品和服务充裕的时代，继续沿用消费无餍足性基本假设无疑是不符合现实的，任何理论如果建立在错误的假设或不符合实际的假设基础之上，最后所得到的结论无疑在正确性和适用性方面都会大打折扣。当前发生的经济危机和历史经济危机，在理论上缺乏统一的系统解释，亟须在新的假设基础之上整合构建一个系统符合时代条件的宏观经济理论，这是经济理论工作者的神圣使命。

经济增长和收入分配是自经济学诞生以来被研究的两大核心内容。经济增长背后必然离不开社会商品和服务生产效率的提高，要求经济持续地增长，必然会有越来越多的产品和服务被生产出来，同时，这些生产出来的商品和服务一定要被消费，通过发挥出其使用价值来实现其价值，这样整个社会经济系统才能顺利运转。要让这些产品和服务能顺利地被消费，就离不开经济增长过程中各参与要素的分配，因此研究收入分配同研究经济增长一样，是研究社会经济运行不可或缺的内容。

在西方主流经济学原理中，微观上认为，市场经济条件下收入的分配是各生产要素在生产中的边际贡献的报酬，这种分配会使资源的配置达到一种社会帕累托最优；宏观上，社会收入差距同经济增长二者之间的关系一直存在互相矛盾的两种观点，究竟是收入差距大还是收入差距小有利于长期的经济增长，缺乏一种统一的认识。这些使得改善收入分配缺乏一种基础理论的明确指导，收入分配的调节更多是出于一种社会伦理道德层面的考虑。可见，为什么要改善收入分配、在什么情况下需要改善收入分配，亟须一种理论上的支撑。

在古典经济学的消费需求理论中，有两个重要的公理性假设前提：一是消费无餍足性假设；另一个是消费量和效用值之间具有严格单调性关系的假设。在这两个公理性假设前提之下，消费者的效用始终随着消费量的增加而增加，消费者在追求效用最大化的过程中将把除投资以外其他所有的收入用于消费。在不考虑对外贸易和政府的两部门经济中，投资等于储蓄条件下，国民收入只由投资和消费两部分构成，收入不是用于投资就是用于消费，可见在这种假设前提之下，将不存在有效需求不足的问题。但是，消费能无限增加以及宏观上不存在需求不足与实际生活经验并不相符。

经济处于增长周期阶段，经济总蛋糕在不断做大，在要素分配理论的大原则下，各种要素资源得到相应的要素回报，劳动作为要素投入中的重要内容，在要素市场的自发作用下，获取工资性收入，收入用来消费各类社会产品和服务，虽然社会收入分配绝对差距持续扩大会带来一些社会问题，但总体社会经济可以得以顺利运行。

若经济处于下行周期阶段，国内外市场低迷导致大量劳动力人口失业，大量的人口失去正常收入来源，可能直接面临生存问题。这势必给各国的收入再分配理论和社会保障政策带来重新思考的迫切需要。

纵观世界范围内几次大的经济危机，共同点主要表现是：商品滞销，利润减少，导致生产急剧下降，失业人口大量增加，企业资金周转不灵，企业开工不足并大批倒闭，生产力和产品遭到严重的破坏和损失，银根紧缩，利率上升，信用制度受到严重破坏，众多银行宣布破产，社会经济陷入瘫痪、混乱和倒退状态。但是，第二次世界大战以后，随着凯恩斯宏观经济理论的兴起，主要国家采用财政政策和货币政策对出现的经济危机进行干预，因此在经济危机中出现了生产停滞与通货膨胀同时并存的现象，给社会低收入群体带来了更为直接的影响。

基于上述背景，本书根据边际消费递减规律提出消费存在餍足性，在餍足性假设前提之下，对微观消费效用理论和宏观消费需求理论做了部分创新性研究。认为消费的不足是由高收入群体的饱和消费有限以及低收入群体的收入水平有限共同造成的。在社会需求不足、没有大的创新出现，且不能增加高收入群体的饱和消费需求的情况下，减小收入差距、改善收入分配、增加低收入群体的消费需求能够有效增加社会总的消费需求，使经济增长摆脱需求不足的制约，为改善收入差距提供理论上的支持。

本书运用静态分析方法探讨了当存在有效需求不足的条件时，通过多种扩大消费需求和投资需求的手段来增加国民收入的措施。通过对这些措施的比较得出，从长期来看，改善收入分配是解决需求不足、增加国民收入的有效办法之一，并用数据对这一结论进行验证。运用动态分析方法，假设出一个具体的生产函数结合需求-收入拟合曲线，分别就劳动力过剩拐点同消费-收入线性拟合曲线的拐点两个维度的各种组合情况，分析了经济增长的路径和收入分配变化的趋势。从分析中发现，人口大国在转型过程中更容易出现收入差距问题，在市场经济的条件下，只有在过剩劳动力被吸收完毕以后，低收入劳动者的工资收入才能依靠市场手段得到改善。可见社会收入差距呈现库兹涅茨倒“U”形曲线需要具备一定的条件，不一定具有必然性，在理论上证明了在一定的条件下存在着调控收入分配的必要。

目 录

第一章 绪论

第一节　经济增长和收入分配研究的背景及意义

一、研究背景

经济增长是如何开始的？为什么有的国家经济增长快、有的国家经济增长慢？为什么发达国家人均产出比不发达国家的人均产出高出几百倍？经济增长到底有没有终点？……事实上，经济学能作为一门独立的科学，最初就是源于对增长和分配这两大主题的思考，这也是一直以来经济学研究的重要核心内容。

经济史学家安格斯・麦迪森（2003）曾对各国的历史国内生产总值（gross domestic product，GDP）状况进行过估算和复原，结果发现从公元纪年开始到17世纪，整个世界的经济规模并没有发生过显著的变化，人均个人收入状况更是处于增长停滞状态，始终在维持生存的生活水平上徘徊。换言之，如果真能穿越，一个罗马人穿越到文艺复兴时期，或者一个汉朝人穿越到明朝初年，他们并不会感觉到自己的境遇有太大的改善。

直到始于欧洲的工业革命发生，这种经济增长停滞状态才有了根本性的变化。在蒸汽动力等新技术的协助下，先是欧洲，然后是美洲和亚洲，世界各地陆续告别低水平生活状态，走上了持续增长的道路。

但伴随着工业革命的兴起，经济增长曲线向上抬头爬升之时，经济危机也时有发生。历史上著名的经济危机包括1837年的大恐慌、1907年的金融危机、1929年的大崩溃、1987年的黑色星期一、1998年的亚洲金融危机、2007年的次贷危机，这些危机无不给世界很多经济体造成巨大的经济损失，给很多国家带来了严重的社会问题。

新冠肺炎疫情在全球蔓延，对世界经济造成了前所未有的影响。2020年，世界GDP增长率按购买力平价（purchasing power parity，PPP）计算约为-4.4%，按市场汇率计算约为-4.7%，国际投资呈断崖式下降，世界贸易显著萎缩，这是第二次世界大战结束以来世界经济最大幅度的产出规模萎缩和最严重的衰退。

疫情暴发时，正常的经济运行由于隔离的需要受到影响，经济下行甚至停滞是社会以及个人在生命健康和财富创造二者之间的理性决策。在国内，大家众志成城，利用中国特有的制度优势率先使来势凶猛的疫情得到控制，随着疫情逐渐被控制，隔离相继被解除，大家最明显的感受是虽然各个生产企业逐步复工复产，但都普遍认为订单相比往年明显减少，维持企业的正常运转比较困难。

这种状况如果不进行财政或货币政策干预，接下来可能有三种结果：一是随着逐步复工复产，经济逐步自动复苏进入正常运行轨道；二是经济长时间在这种冷却的状态下徘徊；三是企业难以为继，相继减产、降薪裁员，经济出现负反馈循环，经济形势越来越低迷。第一种结果虽然是三种中最好的，但即使这样，如果复苏的过程过于漫长，对社会经济无疑也是一种伤害，第二种和第三种结果都是我们不愿意看到且社会和个人无法承受的。

当然，如果对这种经济形势进行财政政策或货币政策干预，可能的结果还是上面三种，只是这三种结果各自发生的概率会发生改变。应不应该干预？怎样干预？是特殊情况临时干预还是应该长久干预？经济学界有一句戏言："一百个经济学家，有一百零一种经济观点。"不要说不同的经济学者有不同的经济观点，即使同一个人在不同时期也可能有不同的经济认识和主张，越是在这种特殊情况，各种不同的认识分歧越大、呼声越高。

社会经济的正常运行，离不开产品或服务的供给和需求。这次新冠肺炎疫情给产品或服务的供给和需求都带来影响，但总的来说，对社会经济的需求带来的影响更加剧烈。社会产品的需求减少了，反过来又会影响产品的生产，继而影响就业和收入，并进一步影响产品需求。在国内外需求都受到重大冲击的情况下，要保持社会经济的顺利运行或继续增长，保持社会的稳定，这对中国乃至世界来说都是一个前所未有的难题和挑战。

经济处于增长周期阶段，经济总蛋糕在不断做大，在要素分配理论的大原则下，各种要素资源得到相应的要素回报。劳动作为要素投入中的重要内容，在要素市场的自发作用下，获取工资性收入，收入被用来消费各类社会服务和产品。虽然社会收入分配绝对差距持续扩大会带来一些社会问题，但总体社会经济可以顺利运行。

若经济处于下行周期阶段，国内外市场低迷导致大量劳动力人口失业，大量人口失去正常收入来源，可能直接面临生存问题。中国在这轮因为疫情导致的全球性经济危机中虽然率先走出阴影，成功取得了新冠肺炎疫情阻击战和经济保卫战的双重胜利，保持了3.55%的经济正增长（支出法），但从三大需求中最终需求对 GDP 增长贡献率和拉动来看，主要是资本形成总额对 GDP 增长的贡献，其贡献率达到 94.1%，最终消费支出对 GDP 的增长贡献率却从 2019 年的 58.6%下降到 2020 年的-22%，供需两端不均衡更为明显，需求不足问题进一步凸显。在中美贸易争端导致的外需萎缩的情况下，内需中的消费需求拉动乏力，会给中国经济持续增长带来挑战。因为，消费比例过低的投资增长不可能长期持续，要使经济健康持续运行，最终还是要依靠消费，这也是经济发展的目的。中国人均 GDP 刚刚越过 10 000 美元，却出现需求管理上的制约，深究国内消费不足的深层次原因，固然有多方面的，但是对增量财富的分配失衡是造成内需不足的重要原因之一。这就给收入再分配理论和社会保障政策带来重新思考的迫切需要。

二、研究意义

中国共产党带领人民群众解放生产力、发展生产力、促进经济增长、全面建成小康社会，实现共同富裕是社会主义的本质要求。研究经济的增长和分配问题不仅是经济学的核心基础理论问题，而且是促进全体人民共享改革发展成果、实现共同富裕的重要议题，还是经济发展新常态下扩大内需、促进经济持续健康增长的重要课题，具有重要的理论意义和现实意义。

（一）理论意义

在贸易保护主义日渐抬头，以国内大循环为主体、国内国际双循环相互促进的新发展格局下，扩大内需成为保证经济持续增长的一道必须迈过的门槛。很多人直观感觉到要扩大内需必须改善收入分配、增加低收入阶层的收入；但同时也有很多人对收入分配改善持保留甚至反对意见，认为调节收入分配是对市场经济秩序的一种干扰，会挫伤高收入阶层创造财富的积极性，影响生产和投资，进而影响依靠工资作为主要收入来源的低收入群体，好心却办了坏事。收入分配有无改善的必要？收入分配改善对经济长期发展究竟是有利还是有弊？低收入阶层收入过低究竟是什么原因造成的？是我们的改革不彻底还是自由市场经济自身就具有这种缺陷？在什么情况下有必要改善社会的收入分配？如何改善低收入阶层的收入？各种各样的宏观经济理论，在或长或短的实践期间都遇到过危机，针对收入分配和经济增长之间关系的实证研究也一直是模棱两可的结论，究竟是各种分配理论适合各自的发展阶段，还是这些分配理论都因为种种原因，没有揭示分配理论的本来面目？这些经济学的重要理论问题，迫切需要构建一个系统框架来予以解释和回答。

西方经济学的基本理论体系经过几百年的发展，在既定假设基础之上的理论经过不断充实和修订，应该说是比较完善了，并且在市场经济理论下，“资产阶级在它不到一百年的统治中所创造的生产力，比过去一切时代所创造的总和还要多，还要大”。但是，随着经济的发展，经过无数人论证的经济学理论却不能充分解释许多实际发生的经济现象，这就让人们不得不怀疑建立经济学理论的基础假设的长期合理性。如果基础假设不符合所处时代，再完美的经济学理论都不能对存在的经济现象做出合理解释，更谈不上用这样的经济理论来指导经济的发展。

张五常教授在华中科技大学经济学院做学术报告时指出，现代经济学面临的尴尬境地就是不能解释现实的经济行为，他认为科学的研究经济学的方法应该是从最基本的定律出发，如需求定律，同时加上对局限条件的分析，从现实角度出发去分析问题。他认为要解释这个世界，就要知道世界发生了什么事情，所以经济学者们应该自己去认真观察周围的现实世界然后去分析问题，而不能人云亦云，只套用别人所形容的世界来做分析，这样才能做出真正有用的东西。

主流经济学的基本假设认为人的欲望是无限的，而资源是有限的，因此经济学的任务就是研究怎样用有限的资源生产更多的产品来尽量满足人们无限的欲望。但在实际生活中，可以发现人的欲望虽然是无限的，但是在一定期限内，实际消费却是有限的。随着技术的进步，人类的生产力不断提高，在许多发展中国家和发达国家，很多产品和消费之间的关系已经不是有限对应无限，阻碍社会经济持续增长和生活质量进一步提高的可能已经不再是生产供给能力了。

时代在发展，社会在前进。既然所处的实际环境发生了改变，在原来现实基础之上的假设条件如今已经发生变化，就必须在新的假设条件之下建立起适合现实条件的理论。基于这样的思想，主流西方经济学的无餍足性①理论即使正确也应该只能在一定生产力阶段正确，适用于产品短缺阶段。在生产能力得到充分发展之后，这种假设之上的理论不能解释和解决当今存在的一些经济问题。

中国是一个典型的以农业国为起点的追赶型发展中大国，研究中国的收入分配问题，必须追索中国由农业到工业的转型变迁过程。从某种意义上来说，自由竞争条件下，出现市场均衡，各生产要素得到各自合理的报酬达到一种有效率的状态只是经济演进的结果。但中国目前还处在急剧变迁的过程之中，过程不同于结果，所以完美的均衡理论不一定适合于处于转型期经济的社会分配。

目前对经济危机无法从理论上得到系统解释的困境，追根溯源，发现主流经济理论的假设基础是局部无餍足性、域内的严格单调性假设，这同实际生活经验以及微观基础中的边际效用递减规律严重冲突。向右边扩大效用函数的自变量区

① 餍足性是指消费者在一定期限内消费某一产品达到一定数量后，不愿意再增加该产品的消费量，否则会带来负效用。无餍足性是指消费越多效用越高，消费越少效用越低，在局部非餍足区域，没有效用最高的消费束。

域，将其扩展到消费饱和区域，构造餍足性假设下的经济增长和收入分配理论体系，合理地解释世界经济发展过程中的经济危机现象以及中国的经济增长奇迹，揭开经济增长和停滞的秘密，具有重要的理论意义。

（二）现实意义

自 2008 年世界金融危机以来，世界经济整体复苏乏力，作为刺激经济政策副作用的大量政府财政赤字和政府债务、企业存货增加和产能过剩的阴影，正在威胁脆弱的经济复苏。为了保护本国的市场，提振本国企业的发展，降低失业率，欧美等主要发达经济体纷纷举起贸易保护主义这面旗帜，用贸易保护主义来抵制产品进口。

2016 年 5 月 12 日，欧洲议会全体会议以压倒性票数通过一项非立法性决议，反对承认中国市场经济地位，并呼吁欧盟采取反倾销措施。决议强调在中国满足欧盟关于市场经济地位的五大标准前，中国对欧出口仍应按照“非标准”方式对待，即在对中国商品进行反倾销和反补贴调查过程中，仍应评估中国商品的成本和价格是否是市场价格。

2018 年 1 月 22 日，特朗普批准对所有进口洗衣机和太阳能电池板征收关税。2018 年 3 月 8 日，特朗普正式签署命令，对美国进口的所有钢铁和铝分别征收 25%和 10%的关税。2018 年 8 月 7 日，美国公布计划征收 25%关税的 160 亿美元中国商品清单，8 月 23 日公布的清单上出现的商品关税正式生效。2019 年 8 月 1 日，特朗普又宣布，将从 9 月 1 日起对中国出口美国余下的 3000 亿美元征收 10%的关税。

面对愈演愈烈的贸易保护主义抬头的世界经济新格局，2020 年 5 月 14 日，中共中央政治局常务委员会会议首次提出“深化供给侧结构性改革，充分发挥我国超大规模市场优势和内需潜力，构建国内国际双循环相互促进的新发展格局”。之后，新发展格局在多次重要会议中被提及。

2020 年 8 月 24 日，习近平总书记在召开的经济社会领域专家座谈会上说:“要推动形成以国内大循环为主体、国内国际双循环相互促进的新发展格局。这个新发展格局是根据我国发展阶段、环境、条件变化提出来的，是重塑我国国际合作和竞争新优势的战略抉择。”

在外部环境发生深刻复杂变化、世界经济持续低迷、全球市场萎缩、贸易保护主义上升的背景下，从被动参与国际经济大循环转向主动推动国内国际双循环，加快形成以国内大循环为主体、国内国际双循环相互促进的新发展格局，是在一个更加不稳定、不确定的世界中谋求中国发展的大战略，是适应内外环境变化的重大战略调整。加快形成以国内大循环为主体、国内国际双循环相互促进的新发展格局，面对贸易保护主义抬头的外部经济环境，在外需市场缩减情况下，扩大内需又一次成为重要的议题。如何扩大内需，挖掘国内市场需求潜力，加快构建完整的内需体系是新格局下必须回答和解决的现实问题。

第二节　消费具有餍足性的说明

消费具有餍足性在本书中是指消费者在消费物质或非物质产品时，在一定的期限内存在一个有限的最大消费数量，不能无穷尽地消费某种产品。中国自古就有“良田万顷，日食一升；大厦千间，夜眠八尺”的格言，说的也就是这个意思，即人的财富再多，但消费能力却是有限的。

关于消费具有餍足性最早正式出现在文献中的是赫尔曼·海因里希·戈森（1997），他认为不仅仅是物质产品的消费具有饱和性质，给人带来精神愉悦的艺术品等的消费也具有饱和性质。一件新的艺术品给艺术家以享受，这种享受在他为了准确地理解艺术品的所有细节而充分观赏的那段时间内最大，并因连续观赏而不断递减，按观赏的对象和个人不同，过了或短或长的一段时间，他就会感到疲劳，即使他这时还要进行其他享受，甚至还要观赏其他类似的艺术品，也会出现饱和。假定按照观赏的对象和个人的不同，在经过一段或短或长的时间后又出现了重复这种享受的要求，那么他就会由于以前就得到的对这件艺术品的认识而在更短的时间内达到享受的极点。在享受艺术品的过程中，持续的观赏又带来享受的不断下降，直至饱和。重复享受的次数越多，间隔的时间越短，饱和本身也就来得越早。在多次重复享受过程中，越来越清楚地表明，重复享受带来的愉悦确实在下降，享受持续的时间也确实在缩短。即使是最狂热的艺术爱好者，对艺术品的享受也会越来越淡薄，甚至不再寻思对这件艺术品的享受。

在谈到对食物的享受时，戈森写道：“只用一种饭菜解饿的人，吃第一口时味道最好，第二口次之，第三口更次之，这样吃下去，一直到差不多吃饱时，他是否还吃这最后一口也就无所谓了。我们看到，经验清楚地证明：与精神享受持续时间的缩短相应，重复吃同一种饭菜解饿时，享受降低，享受量减小。”在详细地进行了分析和说明之后，戈森得到以下结论，如果仔细考察一下享受是怎样发生的，那么我们就会发现，在所有享受中有下列一些共同特征：第一，如果我们连续不断地满足同一种享受，那么这同一种享受的量就会不断递减，直至最终达到饱和；第二，如果我们重复以前已满足过的享受，享受量也会发生类似的递减，在重复满足享受的过程中，不仅会发生类似的递减，而且初始感到的享受量也会变得更小，重复享受时感到其为享受的时间更短，饱和感觉则出现得更早。

亚当·斯密（2015）在其著名的《国富论》中说：“对食物的欲望是受每个人的胃的狭小的能力所限制的，然而对便利品、房屋的装饰、衣服、车马家具的欲望似乎没有什么界限和边界。”这里，亚当·斯密只是承认某些商品具有饱和餍足性，但是他犯了把对商品的欲望当成消费能力的错误，就拿一般认为无饱和餍足性的服饰来说，再怎么追求服饰带来效用享受的人，每天能够去消费的服饰也是有限的，不可能一天享用无穷尽数量的服饰。我们在追求消费给人带来的享受时，同样有机会成本的付出。例如，对于服饰消费，穿上漂亮的服饰，给人带来了好的效用，但同时，为了享受到这个效用，也必须付出换服饰时脱掉和换穿服饰的麻烦，在带来的麻烦超过了从中得到的效用时，即使不考虑收入的花费，不考虑为获得服饰丧失的其他效用，也同样会停止消费的连续增加。又如，现在富人对豪车的消费，可能有少数富人同时拥有几辆价值不菲的世界名车，可是，即使此人在车的消费上表现出痴迷的程度，只要不是想开设名车博物馆，购买的车辆数量还是非常有限的。

在消费具有餍足性的问题上，容易把消费和投资二者混淆，如某富豪经常在某豪华酒店招待宾客，往往并不是该富豪自己真正在这些消费中得到了多少效用，而是因为宴请可能会使其今后从中得到更多的回报。另外，很多人拥有属于自己的多套住房，住房具有既属于消费品又属于投资品的特性，在拥有多套住房的人群中，绝大多数人并不是因为消费而购买住房，而是利用住房进行保值增值，是一种具有投资性质的支出而不属于消费支出。当然，也许会有人拥有多套住房完全是出于自己消费的目的，但这种毕竟属于个别现象和行为，不具有普遍性。在经济行为的研究中，可以把这种不具有普遍意义的行为当成一种例外，正如我们研究价格和消费数量的关系时，不把吉芬品[①]当作主要研究对象一样。

当然，在经济学研究中，任何一个假设，不仅需要主观上的逻辑推理，还需要客观上经验和数据的支持。消费是否具有餍足性，在经济学研究中可以转化为另一个问题，即消费者的消费是否随着收入的增加，渐渐和收入无关而稳定在某一个水平上，也即消费是否存在着饱和性。如果这个命题能够在统计意义上通过检验，也就意味着，消费者的消费具有餍足性是一个合理的经济假设。

新古典西方经济学假设消费品的消费需求具有无餍足性（或严格的单调性），商品的消费只是受到收入的约束。但是不是没有收入的约束，消费就一直单调递增呢？

---

① 指价格与消费者的消费量同向变动的商品。吉芬品属于收入效应的绝对值大于替代效应的绝对值的劣等品。

戈森第一定理指出，人类为满足欲望和享乐，需不断增加消费次数，而享乐随消费的增加而递减，享乐为零时，消费就应停止，若再增加，则成为负数，使享乐变为痛苦。任何消费品之所以被消费，都是因为人的感觉器官得到了相应的效用。一个人可以在温度适宜的豪华大厅里，嘴里叼着烟斗，手抚摸着温顺的哈巴狗，耳朵听着美妙的音乐，眼睛欣赏着中世纪的名画。但毕竟人只有有限种类的感觉器官。可见，消费不仅受到收入的约束，还会受到消费者生理能力的约束和限制。

消费还会受到道德的约束（党爱民等，2004）。如果富裕阶层进行炫耀性消费，对物品超出实用的浪费性、奢侈性铺张浪费，会受到道德的谴责。消费还会受到法律的约束，如赌博在有些国家受到法律的限制。消费会受到时间的约束。生命是有限的，每天只有 24 小时，正如卢映西（2005）所说的那样，一个人在五星级宾馆总统套房里睡觉的时候，就不可能同时到高尔夫球场挥杆击球。消费还会受到消费品种类的约束。一定期限内消费的扩大，在单个消费品消费数量有限的情况下，更主要的是体现在消费品种类的增多上，但是即使在物质丰裕的今天，消费品的种类还是只有有限的类别。

通过以上分析可知，人对物质产品的效用函数及其约束可以表示为

$$\text{消费效用函数：}\max U(x_1,x_2,\cdots,x_n)$$

$$\text{s.t.}\begin{cases}\text{收入约束}\left(\sum_{i=1}^{n}p_ix_i\leqslant m\right)\\ \text{生理能力约束}\\ \text{道德法律约束}\\ \text{时间约束}\\ \text{消费品种类}(n)\text{约束}\end{cases}\qquad \{x_1,x_2,\cdots,x_n\}\subseteq X$$

因此，即使一个人的收入不受约束，对消费品的消费也不可能满足如西方经济学中所描述的局部无餍足性、域内的严格单调性假设。

在生产力充分发达之前的物资短缺时代，社会的主要经济矛盾是有限的消费品产量和相对无限的物质消费需求之间的矛盾，把效用自变量的研究范围限定在饱和消费之内并无什么不妥，但是在生产力越来越发达的现代社会，继续把经济视为有限与无限的矛盾，不顾及现代社会生产力已经逐渐有能力使物质产品达到人的饱和消费的自变量区间，势必会造成现行经济学对经济现象的解释力不足甚至不能解释。因此，本书把自变量的范围扩大至饱和阶段，来研究消费餍足性假设下的经济增长和福利分配。

第三节 经济增长和收入分配理论研究现状和进展

由于本书的目的是研究在消费餍足性假设下社会收入分配和经济增长，以前研究收入分配和经济增长的文献都没有明文涉及消费餍足性这个假设条件。本节对国内外相关研究的理论梳理主要包括以下两个方面：消费需求与经济增长之间的关系，收入分配与经济增长之间的关系。

一、消费需求与经济增长关系理论发展

关于消费需求与经济增长二者关系的理论主要有以下两种观点：一是消费不利于经济的增长，应该节制消费、鼓励储蓄；二是消费有利于经济的增长，应该鼓励大家增加消费、减少储蓄。

（一）节制消费、鼓励储蓄

因为资本积累和消费在一定条件下（储蓄等于投资）存在互补关系，很多关于资本积累对经济增长作用的文献其实从另一个角度来看，也是在论述消费同经济增长二者之间的关系。上面的第一种观点，认为消费不利于生产，主张应在消费上予以节制，以增加资本的积累，增加生产投入要素进而促进国民财富的增加和经济增长。经济增长理论博大精深，源远流长，在这里大致分为古典和现代两种经济理论，以下对主要持有这种观点的学者理论分别予以介绍。

1. 古典经济学家的主要观点

古典经济学家中的威廉·配第、亚当·斯密、马尔萨斯、大卫·李嘉图、萨伊等古典增长理论对消费和经济增长都有深入的研究，并且对现代经济增长理论尤其是内生增长理论的发展带来了深远的影响。

威廉·配第（2014）作为英国古典政治经济学创始人，在《政治算术》中深刻分析了税收与国民财富和国家经济实力之间的关系。这个分析体现了他对消费和经济增长二者之间关系的观点。在论述如何征税时，他认为如果对从事生产和贸易活动给社会增加物质财富的人征税，社会的财富就会减少；相反，如果对不生产任何一种物质财富或对社会有实际价值的物品的人征税，并将税收收入转移给前一类人，将资金用于生产领域，社会财富就会增加。威廉·配第积极主张征收消费税，其理由是这样能促使人们勤俭，增加资本的原始积累，增加生产投入从而增加国家财富。威廉·配第认为是生产决定了消费，他指出消费不利于生产，

应该节制不必要的消费来保证资本的积累和财富的增长。但是，他反对过分降低生产工人的生活水平，因为劳动人口的过分贫困会导致起义和内战。从这里可见，他实际上已经认识到了如果消费需求不足，特别是劳动者的消费需求的不足可能导致社会的不稳定，也会阻碍经济的增长。

亚当·斯密（2015）的《国富论》研究的是国民财富的性质及其产生和发展的条件，这里从消费和增长理论角度来审视亚当·斯密的论著。亚当·斯密认为经济增长有两种因素：第一种是分工，第二种是资本的积累。资本积累后可以增加工人的数量，进而带来国民财富的增加。他认为资本积累的源泉是地租和利润，资本积累是进行大量分工必备的要素。分工的扩张与生产效率的提高跟资本的总额成正比。资本积累必须在分工之前进行，因为分工需要使用许多特殊的设备与机械，这些都需要用资本来购取。分工越细，工具的需求越多，资本越显得重要。在文中，亚当·斯密不仅通过资本积累间接地表达了消费和经济增长之间的关系，还明确强调生产决定消费，认为节制消费、增加积累是国民财富增长的必需条件。消费，特别是奢侈性消费属于一种非生产性消费，这类消费不利于国民财富的增加，因此需要通过赋税对这类消费予以节制。他指出节制消费，促使人们节俭，社会才能够进步，国民财富才能够增长。

马尔萨斯（2013）在《人口论》中对消费和经济增长的关系也有一些自己独到的观点。他认为消费包括生活资料消费和生产资料消费，二者都是人们再生产的条件，他把生活资料消费品分为生活必需品和奢侈品两种，认为对必需品的消费会增加社会财富和收入，而对奢侈品的消费却不利于社会财富和收入的增加，据此，他主张应该减少对奢侈品的生产和消费，用来保证对必需品的供应。需要说明的是，他虽然认为消费不利于经济增长，但是他同时认为，消费是经济中不可或缺的，也是再生产不可缺少的条件。他说："国家却要靠消费来维持自己的财富，因为消费能促进产品价格的提高。经常的消费引起产品的经常再生产，这意味着国家财富的恢复。"

大卫·李嘉图（2020）提出了以劳动价值论为基础、以分配论为中心的经济理论。大卫·李嘉图并没有直接研究消费同经济增长的关系，但是他对资本的积累有大量的论述，认为利润是资本积累的唯一源泉，资本积累的速度决定了投资速度和生产力发展速度。如果资本积累增长，就会出现正的经济增长；如果资本积累为负，就会出现负的经济增长。这里面隐含了消费和经济增长的关系，即如果消费比重过大，将影响生产或经济增长。

萨伊（1997）从消费决定生产的角度出发，认为每个生产者之所以愿意从事生产活动，若不是为了满足自己对该产品的消费欲望，就是为了想将其所生产的物品与他人换取物品或服务。商品买卖实质上是商品交换，货币只在刹那间起媒介作用。产品总是用产品来购买，买者同时也就是卖者，买卖是完全统一的。商品的出售就是供给，商品的购买即是需求。在商品的流通过程中，生产者的生产引起了对其他生产者的商品需求，整个经济体系也就达到循环，某一数量商品的供给也就带动了对相同数量商品的需求。所以供给会自动创造需求。根据萨伊定律，在一个完全自由的市场经济中，由于供给会创造自己的需求，因而社会的总需求始终等于总供给。在此基础上，萨伊认为增加国民财富的困难不在于如何刺激消费，而在于生产供给，因此，鼓励消费是拙劣的政策，激励如何扩大生产供给才是贤明的政策，因此，只需刺激生产，而无须鼓励消费。

这些理论的共同之处是都认为资本是经济增长的重要因素，应该节制消费，鼓励积累和投资以增加投入，增加社会财富的生产。在工业革命以前，从整体来看处于物质匮乏的时代，主要是考虑通过减少消费、增加积累、提高生产供给能力来解决消费品匮乏问题。亚当·斯密撰写《国富论》所处的时代正处在工业革命的生产力急剧发展阶段，纺纱机和蒸汽机等新技术的出现，使得在投资方面对资本有着迫切的需求，在这种情况下，面对和需要考虑的问题主要是生产积累问题，而不用去考虑需求问题。但是，这种不用考虑需求的问题只在一定的前提条件（消费品相对不足或投资需求旺盛）下成立，并不意味着萨伊提出的供给会自动创造需求，从而总供给等于总需求的观点始终是成立的，萨伊定律只能在非常严格的条件下才能成立。过去认为萨伊定律只要是在物物交换的世界里就可以成立，在资本主义商品流通市场中，买、卖已分离成为两个相对独立的行为，因而总供给并不一定等于总需求。其实即使在物物交换的世界里，任何一种商品的生产也都需要同其他商品互为原材料才能成立，这和现实明显不相符，现实中存在大量不需要其他商品作为要素或原料投入的商品，更不用说去追求数量上的关系。如果一味重视扩大生产而忽视消费，就可能造成供大于求的局面，并最终造成消费需求的严重不足，进而影响经济增长。如果亚当·斯密、萨伊时代的英国是一个封闭型国家，急速发展的纺织生产力马上会面临纺织品需求有限的问题，但是因为英国在全球不断地拓展英属殖民地，相对先进的生产力使得生产成本上具有其他国家和地区不可比拟的优势，不断扩张的市场才致使产品需求市场不存在问题。

2. 现代经济学家的主要观点

现代经济学中的增长理论学派众多，又分为新古典增长理论和新增长理论，通常认为现代经济增长理论起源于哈罗德和多马建立的哈罗德-多马模型（Harrod，1939；Domar，1946）。哈罗德经济增长模型是现代增长理论的基础，该模型在凯恩斯的有效需求管理模式下，考察一个国家在长时期内的国民收入和就业的稳定均衡增长所需的条件。哈罗德-多马模型在凯恩斯的短期分析中加入了经济增长的长期因素，即在储蓄和资本产出率固定不变的情况下，只有储蓄全部转化为投资，资本存量和投资才能按有保证的增长率年复一年地增长下去；投资具有双重效应，不仅能增加总需求，而且能增加总供给；要使因逐年的新投资而不断扩大的生产能力始终得到充分利用，则产出应按固定不变的增长率逐年增长。在此基础上研究了产出增长率、储蓄率（消费率）与资本产出比这三个变量之间的相互关系，认为资本积累是经济持续增长的决定性因素，资本的匮乏会阻碍经济的增长，只要有持续的资本形成，就会有持续的经济增长。

张培刚（2009）在其著作《农业与工业化》中研究了工业化过程中农业与工业之间的调整问题，特别是着重研究了农业的调整。他强调，在工业化前期，必须减少消费增加积累，突出农业的要素贡献，工业化后期则要求通过消费发挥出农业的市场贡献。

刘易斯（Lewis，1954）在其著名论文《劳动力无限供给条件下的经济发展》中建构了一个二元经济模型，认为在工业化进程中工业部门以低工资从农业部门吸纳剩余劳动力。在经济发展的早期阶段包括现代与传统两个经济部门，现代部门通过从传统部门吸收劳动力而得以发展。经济发展的关键因素是利用资本的剩余，即通过利润的再投资来增加新的资本和吸收更多的非资本部门的劳动力，从而获得更多的利润。如此反复进行，直到多余劳动力吸收完毕。当农业部门不存在剩余劳动力时，劳动力变成稀缺资源，工资将由劳动力供求关系所决定，这时候二元经济结构消失，发展中国家经济走向一元经济结构，成功实现经济转型。

刘易斯对农村剩余劳动力以不变的劳动价格向工业部门转移的分析，是以农业部门的不发展为隐含假定的，费景汉和拉尼斯（Fei and Ranis，1967）修正了刘易斯的这一假定，把农业部门的发展纳入分析范畴，将发展中国家的经济发展分为三个时期，即农业经济时期、二元经济时期、现代经济时期，分别是以农业为主，农业、工业并存且农业部门相对落后存在着大量剩余劳动力，农业、工业都以现代化生产为特征并且农村剩余劳动力被完全吸收。

可以看出，刘易斯模型和费景汉-拉尼斯模型都非常强调资本的积累过程，消费会减少积累，相应地就会减少对过剩人口的吸收，农工转型过程就无法进行下去。这两个模型的缺憾是没有考虑产品的实现问题，都只考虑了资本的积累和产品的生产。在这两个模型中，城市现代部门付出的边际生产力稍高于传统部门的低工资，获得大量生产者剩余，剩余用来投入扩大再生产，使劳动的边际产出曲线右移，吸纳更多的劳动力转移。他们仅仅担心农业进入第二阶段以后，剩余劳动力消失以后，劳动力的继续转移会使农产品的价格升高，反过来制约工业部门的发展，使转移过程不能顺利实现。从这里可以引出一个农工转型过程中的悖论，即：转型需要财富集中以进行资本积累，没有财富集中转型无法持续；但从需求方面来说，因为资本积累，生产能力扩大以后形成的产能需要购买力来消费时，却又由于财富集中影响到消费需求，使积累起来的产能无法得到顺利消化，又将使转型无法持续。

索罗-斯旺（Solow，1956；Swan，1956）鉴于哈罗德-多马模型得出刃锋上的增长的不稳定性结果与第二次世界大战后西方国家实际经济波动不完全相符，建立了新的增长模型，从而奠定了新古典经济增长理论的基础。这个新模型修正了哈罗德-多马模型的生产函数中固定要素比例假定，代之以资本和劳动可平滑替代的生产函数，从而解决了哈罗德-多马模型中经济增长率与人口增长率之间的不能自发相等的困难。索罗-斯旺模型在劳动数量既定情况下，随着资本存量的增加，资本的边际收益递减，经济最终会稳定在一个特定水平上，经济可以稳定增长。在该模型中凸性函数的假设条件下，消费的减少（也即储蓄的增加），只会使经济增长率有一个暂时性的增加，后来依然会回到增长率为零的稳定状态，但是会使水平值有一个增加。

在索罗-斯旺模型中，储蓄率是外生给定的，后来，拉姆齐、卡斯和库普曼将消费者最优化分析引入新古典经济增长模型中，使储蓄率（消费率）内生化，建立了一个更为一般的经济增长模型。在分析方法上，卡斯和库普曼采用了动态优化的分析法，得出了储蓄率和效用贴现率的关系，实现了储蓄率的内生化。尽管如此，拉姆齐-卡斯-库普曼模型与索罗-斯旺模型对长期稳定增长状态的结论依然是相同的，即经济的长期增长率取决于外生的技术进步率和人口增长率。同样，这些增长理论完全没有考虑到有效需求可能会对经济增长产生制约，在其效用函数的设定上，采取了相对风险厌恶不变的效用函数，与本书的消费餍足性假设不同，消费者的效用将随着消费的增加始终单调递增。

20 世纪 80 年代中期出现的“新经济增长理论”与新古典增长理论相比，设定生产函数是具有规模收益递增的非凸性生产函数，导致规模收益递增的动力，该理论中新提出的人力资本概念，使资本积累不仅仅局限于物质资本的投资，拓宽了投资的范围，改变了资本积累收益递减的传统观点，进一步强调了减少消费、增加资本积累对促进经济增长的作用。

通过对上面这些关于消费和经济增长主要传统理论的梳理，可以看到这些理论的共同点是强调通过减少消费、增加资本积累来促进经济增长，这些观点从生产供给层面来说无疑都有其重要的作用。这些理论互相补充，使经济增长从生产供给面上的解释力越来越强。但是，社会经济系统的顺利运转，生产供给只是其中的环节之一，从逻辑的角度来看，生产能力的扩大只是经济增长的必要条件，而非充分条件。仅仅只有生产供给能力的扩张，没有处理好生产出来的社会财富的分配关系，使消费环节不能顺利实现，这种供给能力的增加最终可能演变为一种相对生产能力过剩，会使社会生产能力不能得到充分利用，甚至造成社会财富的浪费。

（二）增加消费、减少储蓄

这类观点通常将相对生产过剩同有效需求不足联系甚至等同起来，认为消费不足会引发经济危机、阻碍经济的增长。

因为生产相对过剩而应鼓励消费在中国古代的文字中就有过类似的记录，最早有记载的提出鼓励消费而不是生产的观点可以追溯到春秋时期。孔子曾经批评鲁国大臣臧文仲，列举了他“不仁”的三桩“罪状”，其中之一是“妾织蒲”，即允许小老婆织草席贩卖。这种行为被视为“不仁”，是因为官员已有俸禄，再纵容家属从事消费品生产就等于夺民之业、与民争利。

春秋时期还有个叫公仪休的，官至鲁国国相，他也认识到了消费和生产之间的矛盾，意识到了消费的重要性。史籍记载，公仪休把自家园中妻子种下的冬葵都拔下来扔掉；看见妻子在家织布，便把妻子逐出家门，还烧毁了织机。他说：“难道要让农民和织妇无处卖掉他们生产的货物吗？”当然，在古代的生产条件下，人们的抗风险能力与今天不可同日而语，所以产量极不稳定，关于生产过剩的零星记载往往湮没在更为常见的天灾人祸的记录中。

西方关于生产相对过剩、消费不足，应该鼓励消费的论述最早是在古典经济学时期，当时最典型的人物有马尔萨斯以及西斯蒙第。

古典时期著名的人口学家马尔萨斯在东印度公司学院期间，发展出一套需求供应失衡理论，他称之为过剩理论。在当时这被看作是荒唐的理论，却是后来有关大萧条的一系列经济理论的先驱，凯恩斯（1987）在《就业、利息和货币通论》（以下简称《通论》）中借鉴和传承了其思想。

19 世纪初的英国由于率先实现工业革命确立了其世界工厂的地位，海外市场广阔。以大卫·李嘉图为代表的学者忽略了生产的实现条件，认为产品的销路没有任何问题，而马尔萨斯却透过英国对外扩张现象，认识到资本主义生产对市场需求的依赖性，预见资本主义生产将由于市场需求的限制而产生经济危机。因而，他最早提出反对“供给自行创造需求”的萨伊定律。马尔萨斯发现，萨伊法则是简单地把经济现象看成物物交换。马尔萨斯认为货币不仅是单纯的流通媒介，同时也是储蓄手段。如果消费者手中的货币不是马上用于购买货物，而是用于储蓄，则供给未必等于需求，生产的商品也就可能出现滞销。虽然马尔萨斯承认社会经济发展有赖于节约即资本积累，但又主张过分节约的习惯会导致对生产物有效需求的减退，进而引发宏观上经济的不景气。

马尔萨斯所指的需求是指供给与需求相一致时的需求，这时候，需求者所愿意支付的价格与生产者为保持继续生产所付出的生产成本相一致。供给等于需求时市场呈现均衡状态，既无供给不足，又无生产过剩。他认为资本的积累、土地的肥力和节约劳动的新发明三大因素能够便利生产、扩大供给，但是这些同需求没有关系，不能对消费需求提供刺激。如果供给量的增大没有与之相适应的消费需求增加，生产最终将受到制约。也就是说，以上这些因素必须在消费需求的刺激下才能促进生产发展。为了使生产得到充分发展，还必须有其他的因素，这就是对全部产品的有效需求。如果市场上有效需求不足，就会造成产品过剩，引起生产过剩危机。

马尔萨斯认为社会商品需求是由于资产阶级、劳动阶级和不生产阶级（主要指地主阶级）的需求构成的，劳动者虽有增加消费的意愿，却没有增加消费的能力。资本家增加对机器的投资，生产出比以往多得多的货物，但如果劳动者因为收入原因不能增加消费，就无法形成对增产货物的需求。因此，资本家与劳动者都无法制止萧条的发生。那么，如何获得足够的需求以消化过剩的产品呢？马尔萨斯的结论是必须有一个数量相当大的阶级，他们愿意也能够消费掉更多的物质财富，这个阶级就是非生产性阶级。马尔萨斯认为，在财富的增长过程中，只从事消费而不生产的阶级的存在对经济发展起着不可或缺的作用。因而，在他的需求管理政策中，就有一条主张："使社会中占适当比例的一部分人从事私人服务，或者可能以其他方式提出对物质产品的需求，而不直接参与产品的供给。"有这样一批人参与消费，就能使产品数量的增加足以抵消其价格的下跌而有余。因而，要增加非生产性阶级（包括地主、官吏、牧师等）的收入，以增加社会需求量。

这些理论很多被凯恩斯（Keynes，1936）在《通论》中予以继承，克莱因（Klein，1962）曾经因此评价："如果马尔萨斯能对投资与储蓄方程决定有效需求这一命题，做更彻底地分析，将没有凯恩斯革命，只有马尔萨斯革命。"

马尔萨斯认识到了消费的重要性，认为消费不足是产生危机的原因，也认识到了消费不足是由于劳动者收入过低。但是，他提出解决生产和消费矛盾的办法却不可取。他认为社会必须存在一批食利阶层来增加社会消费以化解危机。相对于西斯蒙第对问题的回避，马尔萨斯对问题的敷衍同样不利于社会生产力的进步和社会福利的提高。

西斯蒙第明确提出生产是手段、消费是目的的思想。为证明消费先于生产的命题，西斯蒙第从个人出发展开论述，认为个人生产是出自个人的需要和愿望。在商品经济中，人们通过交换来达到消费的目的，生产转化为供给，消费转化为需求，消费决定生产就表现为社会需求先于供给。针对产业革命时期机器大生产的急剧发展，他指出，相对于生产无限扩大的收入萎缩，必将表现为国内市场的日益相对缩小，从而无法避免社会经济危机成为现实。“在生产上往往不以需要为转移……一旦生产猛然超过消费，就会引起严重的贫困。”[①]“消费决不是生产的必然结果，相反地，市场的饱和才是人们所竭力追求的生产方式的必然结果。”他认为消费不足是资本主义社会的痼疾，从而阐明了资本主义生产关系的历史暂时性。用恩格斯的话说，“用消费水平低来解释危机，起源于西斯蒙第”。在西斯蒙第看来，自由竞争不仅会导致生产与消费的矛盾激化，而且是一切罪恶和祸害的根源。为此，西斯蒙第始终坚持发展财富要有政府的干预，“亚当·斯密一直反对政府干预一切有关增加国民财富的事，我们却一再呼吁政府对此进行干预”[②]。西斯蒙第从社会制度的层面寻求经济危机的根源。他指出资本主义生产的目的是追逐利润，在自由竞争规律的作用下，劳动者和劳动条件相互分离，劳动成果不断地被生产资料所有者掠夺。“在今天，因为一个人劳动，而另一个人则休息，所以劳力和报偿是分开的，劳动者和以后的休息者不是同一个人。”[③]随着技术进步和资本积累，占国民大多数的劳动者日趋贫困，“除了仅能维持自己生活的东西以外，很少有剩余”[④]。这就使生产和收入之间的比例遭到严重破坏，“人们劳动多了、仓库积满了，反而钱袋空虚，最后商品无人购买了”[⑤]。西斯蒙第从生产资料占有的角度，将经济危机视为以追求利润为目标的资本主义内在制度，并不像大卫·李嘉图所认为的那样是偶然的，而是内在矛盾的广泛的定期的根本性爆发。

对于如何避免危机，西斯蒙第从小资产阶级的立场出发，提出改变财富分配比例的有效途径是退回到小生产状态。“我所希望的是把城市的作业拿来和田间的作业那样分给为数众多的独立作坊，而不是只把它汇集在制驭着成百上千工人的一个首领手中；我所希望的是把工场的财产分给为数众多的中等资本家，而不是把它汇集在一个拥有亿万……的人的手中。”[⑥]从西斯蒙第的主张来看，他认识到了消费是生产的根本目的，但是他这种站在小生产立场上，反对工业化大生产的主张无疑是不能解决问题而选择回避问题的错误主张。

马克思（1975）关于消费需求同经济增长的理论是在社会再生产理论中表现出来的。在资本主义社会里，资本家的利润来自工人生产的剩余价值，资本家把利润的大部分用于积累或投入到再生产中进行再投资，同时，工人将所获得的工资用于必要的消费进行劳动力的再生产，由这两部分内容构成了经济活动中的有

---

① 西斯蒙第，1983. 政治经济学新原理或论财富同人口的关系[M]. 何钦，译. 北京：商务印书馆：221.

② 同①34。

③ 同①59。

④ 同①65。

⑤ 同①482。

⑥ 同①476。

效需求。由于工人的消费只能够维持劳动力的再生产，而资本家为了在竞争中获得超额利润不断地提高资本有机构成，再生产的规模持续扩大，最终造成消费不足、生产过剩，引发经济危机，成为阻碍经济增长的障碍。

凯恩斯（Keynes，1936）在有效需求假设基础上首次建立了宏观经济理论。他认为传统微观经济学的理论基石——萨伊定律并不能成立，经济不景气的原因是有效需求不足，而有效需求在封闭经济中由消费和投资构成，其中，投资需求又决定于消费需求，原因是消费不再像古典理论所说的是利率的函数，而是收入的函数，而投资通过乘数作用最终影响国民收入和消费，这样消费需求成了影响有效需求的最终因素。在凯恩斯的需求函数理论中，边际消费倾向的性质是重要的，即在资本主义经济关系中边际消费倾向是递减的，消费者用于消费部分支出的增长幅度小于收入本身的增长幅度。这是造成人们对消费品需求相对缩小的基本原因，因此储蓄不会自然转化为投资，供给不再自行创造需求。另外，资本家预期的投资边际率低下，造成了投资需求的减少，这势必造成厂商减少产量，削减工人，从而造成失业和经济衰退。凯恩斯认为分配不公是产生有效需求不足的原因之一，因此，要实现充分就业，必须解决分配不公的问题。他认为，如果财富过多地集中在资本家手中，就必然会降低社会消费倾向，从而降低社会总需求，因此，应采取加强征收富人所得税的办法来重新分配收入，改变分配不公状况，使社会消费倾向提高，以刺激总需求的扩大。总需求增长，会导致国民收入的扩张。

凯恩斯找到了发生危机是由于消费需求与投资需求不足的原因，并且也认识到了分配不公的更底层原因，但是他只是从宏观层面来对该问题进行阐述，正如反对者声称的那样，其理论缺乏微观基础，后来的凯恩斯主义追随者提出的政府干预理论很少去触及底层的分配问题。

新剑桥学派的琼·罗宾逊（Joan Robinson，1956）、皮耶罗·斯帕拉法（Sraffa，1960）师承凯恩斯的投资-储蓄分析，坚持消费需求不足带来有效需求不足的观点，强调消费及投资支出对经济活动水平的决定作用。他们将凯恩斯《通论》中关于社会哲学的思想更加系统化和深入化。他们认为，边际理论不足以解释分配的实际状况，资本占有者很多情况根本是不劳而获，因而资本主义社会的财富和收入分配是不均等、不合理的，资本主义社会存在着坐收利息的食利者阶层，只要消灭了这个食利者阶层，资本主义社会就可以改观，走向文明生活新阶段。他们极力主张实行收入再分配，缩小社会的贫富差距。

几乎在凯恩斯提出消费需求对经济增长重要性的同时，波兰学者卡莱茨基（Kalecki，1966）提出了与凯恩斯十分类似的思想，尽管卡莱茨基本人承认凯恩斯体系是有效需求理论的基础，但他却以一种与凯恩斯完全不同的方式解释了包括消费需求在内的有效需求理论，这种方式对后凯恩斯主义者有很大影响，他的这种需求理论已成为后凯恩斯主义经济学的重要基础。与上面其他人的分析不同，卡莱茨基的分析是以微观价格理论为基础的。由垄断价格理论、工资理论、收入分配-有效需求理论、国民收入分配理论构成比较完整的需求和分配理论体系。但是卡莱茨基的微观基础理论以利润加成作为分析的中心和手段，对增长的源泉和分配的约束没有进行彻底的分析。

温特劳布（Weintraub，2016）也试图通过收入分配来解释消费对经济增长的重要性。他基本上接受了卡莱茨基的思想，并循着卡莱茨基的思路做了一些拓展性研究，但同时他也有自己独特的研究角度，即通过平均消费倾向或储蓄倾向，研究收入分配与有效消费需求的关系。卡莱茨基已经假定了工人的储蓄倾向为零，这意味着工人和资本家的储蓄倾向和消费倾向有差别，资本家的消费倾向要大于工人的消费倾向，这就把收入分配与消费、储蓄行为联系了起来，这实际上是凯恩斯在《通论》中表述过的思路。但卡莱茨基把注意力集中到“加成率”上面，未考虑把消费倾向的阶级差别作为收入分配影响有效需求的中介因素。温特劳布则发挥了卡莱茨基的上述思想，试图通过区分两大阶级的储蓄倾向来考察国民收入的决定。资本家的边际消费倾向要低于工人，边际储蓄倾向则要高于工人。根据这一原则，温特劳布把全社会的储蓄分为两部分，即工人的储蓄和资本家的储蓄。为了更简洁地表示储蓄与收入之间的关系，温特劳布利用平均储蓄倾向来表示各阶级之间储蓄的差别，而没有使用边际储蓄倾向。结论是，收入在劳资两大集团之间的分配，直接决定了收入水平。温特劳布理论中最主要的不足是认为储蓄始终和投资相等，而且同样缺乏微观基础，没有对什么是公平的分配提出相应的分析和理论。

安瓦尔·谢赫（Shaikh，1989）讨论消费需求同经济增长的理论来自凯恩斯和卡莱茨基现有的有效需求理论，是在动态非平衡条件下提出的，是定义一个产出水平对应于总需求与总供给的平衡点。谢赫构造了动态非平衡有效需求理论，将分析扩展到包括一个动态的短期运行路径，而不是一个单纯的静态水平。这种动态的短期运行路径不一定意味着均衡分析，因为它可以随机产生任何确定性的持续周期或极限环。谢赫证明了包含消费需求在内的有效需求理论能够解决经济增长理论的棘手的不稳定问题，但他仅仅解释了消费需求对经济长期发展的重要性，没有将分配和增长纳入统一的体系进行分析。

另外，还有很多西方学者注意到消费需求的饱和性带来消费需求不足的问题。但是，由于一旦将这个问题纳入经济学基本框架，将会对后面的一般均衡理论解的存在问题带来极大的麻烦，所以注意到这个问题的学者，转而研究如果餍足性存在，该如何去寻找这个最优均衡解的存在性问题；并且发现，在传统的竞争理论中寻求解很困难。在这种情况下，众多学者纷纷转向了从合作理论中来寻求解的存在。

在国内，关于消费对经济增长重要性的理论描述性文章比较多，但是做出原创性理论贡献的并不多，甚至可以说是屈指可数。究其原因可能有以下几点：一是消费需求理论往往同有效需求理论具有一致性，但有效需求通常和马克思政治经济学联系在一起，而马克思的政治经济学在国内改革开放的主流下一度退居非主流地位；二是自改革开放以来以新古典理论为指导的市场化改革取得了 40 多年的经济持续增长，而有效需求在理论上和新古典理论存在对立的一面，使有效需求理论自然遭到忽视；三是有效需求理论方面的文章往往是现象描述型，极少针对新问题、新现象进行深层次的理论剖析和创新，基本上没有现代经济学范式所要求的宏微观基础，没有一个统一的理论体系来说明有效需求对经济发展的重要作用；四是中国作为一个具有两千多年封建社会历史的传统经济大国，在新中国成立前的近代时期，由于战乱和近代殖民国家的压榨，生产力要远远落后于同时代的西方国家，长期处于物资极度匮乏的时期。新中国成立后，实行的是重工业优先发展的战略，使消费品的生产受到挤压，同样使消费品处于极度匮乏状态。在物资处于极度匮乏的年代，需求不足理论显然缺乏现实基础。改革开放后，广大生产者的生产劳动积极性得到释放，同时外国资本、技术、管理的进入使国内的生产力水平得到空前的发展。由于处于消费品短缺时代，商品的销售这一块基本不用考虑。在 20 世纪末首次出现了大规模的生产相对过剩而有效需求相对不足的现象，很多商品出现了滞销，由过去的卖方市场过渡到了买方市场，这段时期，有效需求不足的理论才开始得到重视和发展。国内大多关于消费需求不足的理论，都是以此为背景开始创作和发展的。但是，这轮需求不足的时期并没有持续多长时间，因为国家实施的西部大开发计划以及中国加入世界贸易组织成为其中的一员，国内的投资需求以及世界国际市场对低成本的中国商品的需要，使中国首次出现的消费需求不足现象得到化解。

20 世纪后期亚洲金融危机发生，在其他亚洲国家货币大幅贬值之后，中国为稳定金融执行了人民币不贬值政策，这对当时的对外贸易产生了不利影响，这时中国宏观经济需求管理问题逐步显现。杨天宇（2001）在《收入分配与有效需求》一书中，从总量和结构的角度，阐述了分配和消费需求二者之间的关系，发展了自己的模型，另外在实证上验证了收入分配差距和消费需求的关系，提出中国应该对收入分配进行调控。还有一种理论，认为当今很多实施工业化的国家出现了资本和劳动的双重过剩，但是认为仅仅是结构原因和分配原因造成的（王检贵，1999），没有涉及消费需求的饱和性分析，也没有对分配做进一步的讨论。针对需求管理问题，党爱民等（2004）在消费需求、相对过剩理论和卡莱茨基、凯恩斯等的基础上进行了较大的创新，在消费具有饱和性的假设下，从宏观角度论证了收入分配对国民收入的影响。但是，他们只是涉及宏观层面的分析，没有涉及消费需求和分配的微观基础，且提出的解决办法不是改善分配，而是在富人对名义货币具有无限追求的假设条件之下，依据生产过剩的能力，无偿按人均增发货币来解决因产能过剩引起的萧条问题。这种理论忽视了人的理性预期下货币对资产的追求导致资产泡沫的产生。

卢映西（2005）根据世界贸易组织遇到的困境指出消费也是一种稀缺资源，提出了应该将消费能力稀缺引入经济学理论框架，并就消费为什么有限做了精辟论述。她认为任何消费都需要时间，而时间对于任何一个人而言都是有限的，因此，实际的消费能力是有限的。但是，对于怎么把有限消费能力引入经济学理论没有做任何阐述。

2008 年的世界性金融危机出现以后，由于国外市场对中国商品的需求遽然减少，中国国内的消费需求不足又成为一个突出的问题。徐长生和王晶晶（2008）针对金融危机爆发后，由于外需的减少使我国宏观经济在高速增长的同时面临较严重的内外失衡，认为高投资和高出口拉动高增长，而消费严重不足，其实质是整个经济的过度储蓄，而过度储蓄主要由收入分配结构的失衡造成。

后来，杨天宇（2009）在其著作《中国的收入分配与总消费：理论和实证研究》中对收入分配和消费需求二者的关系做了更细致的考察，得出中国的边际消费倾向随着收入的增加呈现倒“U”形，增加中低收入群体的收入比例才能有效解决有效需求不足的问题。该著作的主要缺点是把低收入群体的积少成多的消费积累过程当成了消费和储蓄的决策问题。

西南财经大学研究团队的中国家庭金融调查系列报告指出：收入分配不均是当前中国内需不足的根源之一；在收入分配显著不均的背景下，高收入群体该消费的，都已经消费了，低收入群体则没钱进行消费，因此无论什么刺激消费的政策，只要不增加低收入群体的收入，就不会产生任何效果。消费不足，储蓄率居高不下的背后都是收入不均在作祟。2012 年，中国收入前 10%的家庭储蓄率达60%，储蓄额占当年家庭总储蓄的 75%；收入前 5%的家庭储蓄率更是高达 69%，其储蓄额占当年家庭总储蓄额的 62%；大约 50%的中国家庭当年没有任何储蓄。

针对需求不足的问题，周密和刘秉镰（2017）提出饱和需求新假设，通过消费结构分析，为供给侧结构性改革提供中国特色社会主义的经济学理论解释，其主要观点是：中国式产能过剩是商品和住房二元市场叠加的饱和需求式过剩，普通商品市场的“饱和需求陷阱”和住房市场的“投资偏好陷阱”是关键制约点；这使得需求刺激政策在饱和需求式过剩中失灵，并通过二元市场的“劣驱良”效应引发经济“脱实向虚”的趋势；应通过二元市场的联动式调控，形成以供给方向和供给对象的结构性调整为重点的供给侧结构性改革。陈昆亭和周炎（2020）提出“有限需求”类似假设来研究经济增长问题，认为在传统宏观经济模型中，消费品被假定为综合性的终端产品，其需求被认为是无限的，这掩盖了在现实中人们对大部分具体商品的需求是有限的这一特征。在有限需求假设下，模型经济可以更好地解释后现代经济增长停滞等现象。有限需求的形成有两种情形：一种是主观实际的需求饱和，一种是由于财富约束造成的被动的需求有限。针对有限需求下饱和经济的研究发现：技术进步促进内生经济增长，同时也会引致收入分配的差异；收入分配差异积累过大，会导致劳动参与率、贡献率不足，创新率下降，进而导致技术进步和产出率下降，最终造成潜在的长期经济波动，并导致增长动力持续下降。根据有限需求假设，促进经济增长的途径有：不断提升需求空间（提升产品服务质量，创造新产品，拓展外部市场）；优化社会财富的分配结构；增加一般家庭的可支配收入空间。

上面所述及的国内文献，虽然涉及经济的消费需求层面，但是基本上没有从微观基础上以经济学的范式来论证消费者，特别是高收入群体为什么消费不足，并且大多犯了同前面增长理论中很多学者只讨论供给而不顾及需求一样类型的错误，讨论需求时又基本上没有关注生产供给。研究商品经济要始终注意到生产供给和消费需求是同一个问题的两个方面，漏掉或忽略其中的任何一个方面在将来都可能产生谬误。

从上面对持“增加消费、减少储蓄”观点的文献梳理中可以看出，消费需求不足导致的经济增长受到阻碍实际上意味着生产相对过剩，但是为什么会出现相对过剩，追根溯源应该是社会财富的分配问题，因为分配问题导致消费不足、生产相对过剩，其中就隐含了消费的餍足性观点。如果消费没有餍足性，无论财富怎样分配，理论上都不会出现有效消费需求不足的问题。因为在无餍足性假设下，消费带来的边际效用始终为正，消费数量会一直增加，直到消费者除投资以外的收入全部花费完毕为止，这时现有产出不是投资就是消费，这就没有需求不足的问题了。正因为消费的餍足性，才使消费品在生产和消费上，产生了生产能力相对过剩的问题。过去这些文献都没有在微观基础上从消费具有餍足性出发来挖掘和分析问题，把消费自变量的定义域从传统的局部无餍足性区域扩大到餍足性区域，从消费效用上承认消费的餍足性。可以利用主流经济学的方法，沿着主流西方经济学的理论路线，在消费自变量产生餍足的区域得出和主流经济学不同的结论，以此作为传统理论的一个补充，使经济学理论对现实的解释能力加强。

二、收入分配与经济增长互动关系理论

收入分配与经济增长二者之间的关系包括两个方面：一是收入分配对经济增

长的影响；二是经济增长反过来对收入分配的影响。

在收入分配对经济增长的影响的研究中，又存在两类针锋相对的观点。一类观点认为收入不平等有利于经济增长（kaldor，1957；Lewis，1954；Li and Zou，1998；Deininger and Squire，1996；Barro, 2000）。这些研究者认为富人边际消费倾向低于穷人，让富人拥有更多的财富能增加社会资本积累，资本越多经济增长越快。同时，许多大型工程和创新工业兴建具有不可分的性质，需要一次性投入大量的资金，所以让富人持有更多的财富能保证资金的需要。另外，社会的收入分配如果没有差距，每个人得到的报酬没有差别，将严重挫伤劳动者的积极性，从而影响到经济增长。另一类观点（Todaro，1997；Alesina and Rodrik，1994；Perotti，1994）认为收入分配平等才真正有利于经济增长。这些研究者持有的主要观点是富人不一定将其财富用于生产，在财富积累一定程度后，他们往往将资金用于一些非生产型投资；相反，穷人只要有人力资本投入，就可以富有成效地提高生产率。另外，不平等还将会引起政治和经济环境的不稳定，使资本投资受到阻碍，因此，收入分配不平等不利于经济增长。Aghion 和 Howitt（1992）还从道德风险的角度来说明不平等不利于经济增长的观点，认为收入不平等将会使借款的信用风险加大，从而影响到财富对富人的激励。

经济增长对收入分配的影响理论，主要是围绕是否存在倒“U”形收入差距曲线（Kuznets，1955）而展开的。在这之前的二元经济下劳动力转移模型，建立在劳动力工资水平不上涨的前提下，生产的社会财富大量增加，经济增长的同时，社会收入差距将会增加，到劳动力转移完毕后，劳动力工资上升，收入差距开始缩小。20 世纪 60～70 年代，很多的研究支持了库兹涅茨的假说（Adelmanet L and Morris C T，1978；Ahluwalia，1976），后来到了 80～90 年代，通过横向国别数据也证实了库兹涅茨假说的成立（Anand and Kanbur，1993；Papanek and Kgn，1986；Campano and Salvatore，2007；Bourguigon et al.，2003）。但也有学者（Deininger and Squire，1996）对上述用静态国别现象来解释动态倒“U”形收入分配的演变提出了异议。

美国国家经济研究所刊登了加州大学伯克利分校经济学教授祖克曼（Zucman，2019）的最新论文。祖克曼在论文中指出，美国财富集中程度在 100 年内呈现“U”形曲线，这表明美国的财富分配有显著的动态波动特征，这一特征与增长构成显著的逻辑联系：财富集中度达到极高点，对应危机的爆发，而危机又对应经济的衰落。经济危机的复苏依赖财富分配的改善，在财富集中度相对较低的位置，经济恢复增长，但随着经济增长的展开，财富集中度又不断上升，直到下一次危机的爆发。所以祖克曼指出财富集中度与危机存在显著的周期关系。

上面所有这些探讨收入分配和经济增加之间关系的文献，几乎都没有从需求层面来考虑经济问题，更谈不上考虑消费需求的餍足性问题，然而供给和需求是研究经济问题的永恒主题，脱离需求仅仅从供给层面考虑问题，在生产力相对低下的阶段，主要面临的问题是供给层面时，这样做未尝不可。但随着分工和生产力的发展，商品的生产供给不成为社会经济的主要问题时，这种理论就无法解释现实的一些经济现象。在上面的一些实证分析中，对同一问题的研究之所以出现互相矛盾的结果（收入不平等有利于经济增长同收入平等有利于经济增长），主要是因为没有考虑到生产供给和消费需求所处的具体环境不同。按照本书的推理和理解是：如果当时所处的时代是供给能力相对不足，收入不平等、财富集中就有利于经济增长；当出现生产能力相对过剩的情况时，则收入分配平等、财富分散利于经济增长。供给能力和需求能力的相对状况，在一定期限内则主要受到消费需求和投资需求的影响。

第四节 研究对象和内容

一、研究对象

根据研究需要，本书将从以下几个方面进行研究：

1）从社会发展形态来看，以转型国家为各种假设条件的背景，研究一个国家还存在大量过剩劳动力条件下，从一个落后农业国步入现代工业国发展过程中的经济增长和收入分配问题。

2）从经济活动的主体上来看，主要是研究社会上农民、厂商两个经济行为群体，以这两个群体中的典型消费者行为特征作为代表，对复杂的社会经济行为进行简化和模拟。

3）从研究的物质对象和内容上来看，主要是物质产品的生产和消费，并且简化为两种产品，即农产品和工业品。

4）从生产要素上看，研究的投入只考虑资本、劳动两种要素。

二、主要研究内容

本书的主要研究内容集中在以下方面：

1）在餍足性假设下研究了微观领域消费者的消费行为选择问题，认为人在一定期限内，消费存在饱和点，不仅仅只是受到收入约束。

2）研究宏观上消费和储蓄选择问题，认为消费和储蓄是收入水平之上的动态演变过程，不具有单一不变的消费储蓄倾向。

3）用静态分析法研究需求不足时扩大国民收入的途径；用动态分析法研究经

济增长过程中如何防范导致有效需求不足的贫富分化现象产生。

4）以消费和储蓄的选择理论为基础，探讨转型国家经济增长的动态路径，在动态路径之中收入分配差距呈现先升高后降低的变化趋势，但没有必然性趋势。

具体来说，在宏观层面上，认为国民收入受到有效供给和有效需求两方面因素影响。在有效供给不足（即生产能力不足）时，国民收入受生产能力制约，国民收入由生产能力决定；因为消费的餍足性在生产能力相对过剩而有效需求相对不足时，国民收入受有效需求的制约，由有效需求决定国民收入的水平。有效需求由消费需求和投资需求共同决定，其中低收入群体的消费需求由收入分配份额来决定，从而把收入分配变量纳入国民收入的决定式中，使之成为影响国民收入的变量之一。从总需求的决定上研究了收入分配变量对国民收入的影响，认为社会经济存在有效需求不足时，过大的收入差距让经济没有达到应该可以达到的更高的国民收入水平，改善收入分配能促进经济增长，提高国民收入水平。进一步，利用刘易斯的劳动力转移模型，说明了在中国人口众多的国情下，社会转型过程中更容易出现严重的收入差距问题，在中国更加具有改善收入分配的必要性。

三、研究目的、方法与创新之处

（一）研究目的

本书有以下几个目的：

1）通过引入餍足性假设，尝试构建一种既能解释经济增长又能解释经济危机的统一理论架构。

2）说明转型经济中，收入分配的差距不一定必然遵循先上升后下降的倒“U”形曲线，在一定条件下，可能出现因为收入分配导致的增长陷阱，因此政策调控经济特别是收入分配有其必要性。同时，说明收入分配问题不仅是社会道德层面的问题，而且是影响国民经济运行的重要因素。

3）通过对宏观调控政策的效果分析，为调控政策的实施提供理论依据。

4）通过对各种变量在增长路径中对收入分配的影响，为调控收入差距提供参考性意见。

（二）研究方法

1）边际分析方法。该方法是指在分析多个变量组成的系统时，分析其中的某个变量对系统的影响，假设另外的变量为常量。

2）动态分析方法。本书只是把均衡作为一种结果，通过经济增长的动态分析，研究控制变量的变动可能导致的均衡结果的变动方向。

3）超边际分析方法。现代主流经济学教科书上的以边际效用和边际生产力为基础的分析方法就是边际分析。边际分析无法解决角点解问题，于是引入超边际分析方法。

4）阙如分析方法。阙如分析主要是在医学领域内得到运用，主要分析某个器官或组织本来是某种生物体具有的部分，如果失去会导致哪些病理性后果。在本书中将其引入经济分析中，主要是为了便于得到某些变量的定性分析。在复杂的经济行为中，有些现象涉及的变量太多或模型过于复杂，不容易运用数理模型来进行分析处理，这时在运用逻辑做定性说明时，假设某个变量没有或者为常数，可以使问题直接明了，简化分析便于得出定性的结果。本书将大量使用这种分析方法。例如，在分析劳动要素对经济的影响时，假设其他要素没有任何约束，最终会达到一种什么样的状态。又如，在对有效需求的影响因素进行分析时，涉及消费、投资、净出口、政府支出等多种变量的影响，在已经达到某种经济平衡的基础上，假设突然没有了净出口会使均衡如何移动和产生什么样的后果。

另外，值得说明的是，本书认为货币只是财富的外在表现形式，只能依附于实体财富，因此在宏观分析中，为排除货币对分配和增长的干扰，均采用相对价格来对产品价值进行度量。但是本书认为货币政策可以改变财富分配，可以作为调节经济运行的手段。

（三）创新之处

1）在传统经济学中，研究消费者行为时，只是把效用函数定义域设置在使其一阶导数大于零的区域，这样的假设即无餍足性假设。在本书中，去掉了一阶导数必须大于零的公理性假设，把消费自变量的定义域从传统的局部无餍足性区域扩大到餍足性区域，从消费效用上承认消费的餍足性，利用主流经济学的范式和方法，沿着主流西方经济学的理论路线，在消费自变量产生餍足的区域得出一个结论，以此作为传统理论的一个补充，使经济学理论体系能更加完善并加强对现实经济现象的解释力。

2）在宏观上，通过在餍足性假设对凯恩斯理论中的国民收入决定方程引入分配系数，说明了在有效需求不足时国民收入分配和经济增长的关系；把财富的分配融入经济运行体系，认为调节收入分配可以成为宏观调控的工具之一。

3）在餍足性假设下，通过对收入分配和经济增长之间动态关系的研究表明，如果依据要素边际贡献分配理论对转型过程中的增量财富进行分配，在人口大国容易出现更大的贫富差距。在转型过程中，如果收入差距过大，也会影响转型的顺利完成，使库兹涅茨倒“U”形理论不一定成立。

4）构建了一个宏观经济运行流程框架，系统地展现了经济运行的三种状态：

需求不足停滞状态，利润枯竭停滞状态，循环增长状态。

第五节　研究思路和结构安排

本书的思路为，投资受高收入群体主导，在高收入群体的消费达到餍足点以前，储蓄能顺利转化为投资，使经济不断增长，在高收入群体消费达到餍足点以后，高收入群体的消费在餍足性假设下，不能无限制增加，一定期限内的最终消费存在限度；低收入群体由于收入有限，其消费受到收入制约，从而使总有效消费需求存在限制。在一定的市场范围内，最终投资需求又决定于最终消费需求，消费需求受到限制时，投资需求不能持续增加，消费需求的不足和投资需求的不足从需求层面一起制约经济的增长。但是现实经济中不会因此而停止经济增长，当高收入群体的储蓄无法顺利转化为投资时，高收入群体的信用储蓄会逐渐增加，信用储蓄的增加可以带来经济的增长，但同时也使社会经济信用风险加大，因为信用储蓄的增加也即债权的增加，必然对应着债务的增加，这种信用累积到一定程度，就会给社会经济带来信用风险，甚至可能出现大规模经济危机。相反，如果高收入群体不增加信用储蓄，而是继续选择投资，只要收入分配格局保持不变，投资拉动的最终消费需求跟不上因投资带来的生产能力的增加，这种投资只能是一种“错误的”投资，大规模的“错误的”投资仍然会给社会经济带来风险。如果高收入群体的财富既不发生“错误的”借贷，也不发生“错误的”投资，经济增长将因需求制约而受阻，使社会的潜在生产能力不能得到充分发挥。因此在经济发展中遭遇的问题如果是最终消费需求不足，这时遇到的问题不是“效率”问题，“效率”应给“公平”让步，通过改变收入分配增加消费需求反而是促进经济健康继续增长的有效措施。

本书沿着这个思路，先从微观上分析了消费的餍足性，在此基础之上从消费和投资的抉择问题出发构造了消费-收入曲线，在高收入群体的收入增加到使其消费达到餍足点后，用比较静态方法来探讨如何继续扩大高收入群体的消费和投资，使经济达到更高的均衡点以推动经济继续增长。然后，用动态分析方法，以转型国家为背景来分析经济增长过程中的经济增长路径、收入差距的变化趋势、影响收入差距的因素以及收入差距是否具有自动改善的趋向。

按照这个逻辑和思路，本书的结构安排如下：

第一章为绪论部分，提出选题的意义，对消费的餍足性予以解释，回顾过去有关消费与经济增长、分配与经济增长之间关系的文献，并据此说明本书的研究对象和内容。

第二章提出了国民收入由需求和供给共同决定，进而讨论一个国家的总需求是如何被决定的。其中，将总需求分为消费需求和投资需求，投资需求又决定于消费需求，这样总需求最终决定于消费需求。通过对消费-收入曲线的线性拟合，在此基础上将收入分配变量引入国民收入决定式中，得到在有效需求不足的前提下改善收入分配可以提高最终国民收入均衡水平的结论。

第三章主要运用比较静态分析方法分析探讨多种通过增加消费需求和投资需求来增加国民收入的途径或措施，并且分析这些措施的长期影响，得出在有效需求不足的前提下，改善收入分配是解决需求不足增加国民收入的有效办法，最后运用数据对这一结论进行验证。

第四章运用动态分析方法，假设出一个具体的生产函数，结合需求-收入拟合曲线，分别就劳动力过剩拐点同消费-收入线性拟合曲线的拐点两个维度的各种组合情况，分析经济增长的路径和收入分配变化的趋势。从分析中发现，在自由市场经济条件下，作为人口大国在转型过程中容易出现更大的收入差距问题，在市场经济条件下，只有在过剩劳动力被吸收完毕以后，低收入劳动者的工资收入才能依靠市场手段得到改善。

第五章以逻辑流程图的形式，从供给和需求两方面总结了宏观经济运行的三种可能情况：社会分配适当，经济将持续增长；资方分配所得过多会造成需求制约型经济增长停滞；资方所得过少将造成供给制约型增长停滞。另外，运用餍足性假设分析了经济危机产生的原因，并解释了历史上的两大危机以及中国的经济增长。

第六章根据前面各章节的分析结果，提出了除税收调控措施以外的缩小收入差距的建议。

第二章 消费餍足性假设下国民收入的决定

第一节 餍足性假设下静态国民收入的决定

在宏观经济学中，不管是古典宏观理论还是新古典宏观理论，都是由反映了价格和产出的二者关系的总供给和总需求曲线的互相均衡来决定国民收入(或产出)。

在总供给或总需求曲线中，供给和需求是社会总产出的数量，必须将所有的商品种类的数量包含其中。社会上存在着各种各样的不同种类的商品，由此可见，总产出的数量可以被高度抽象化为某种产品或是一揽子产品。那么，既然总需求曲线的产出可表示为社会上所有商品都包含在内的某种抽象化商品数量，除了这些再没有其他产品的存在，在这种前提下反映价格和总产出水平之间关系的总供给曲线存在吗？

价格表示什么？价格表面上表示为某种单位商品的货币数量，实际表明的是不同种类商品之间的数量交换关系，其本质反映的是一种商品与另一种商品之间的比价关系。货币之所以产生，正是为了减少不同种类产品之间的交易成本。如果社会上只有一种产品，就不存在交换，也就没有产生货币的必要，相应地不应该存在价格-需求曲线。

如果是研究国际经济，如日本和中国，通用货币为美元，两国的产品都用美元来计价，假设消费者的收入是一定的，如果两国中某一国家的商品价格水平发生变化，即商品间的相对价格发生变化，消费者将减少相对价格水平上升的那个国家产品的消费数量，转而消费另一个相对价格水平下降国家商品的数量。在这种情况下，对某一国的产出来说，该国商品的价格水平和其总需求量呈反向关系，即呈现向右下方倾斜的价格-需求曲线，这时，价格水平-总产出（或总收入）曲线是成立的。但这里的研究对象是一个国家的总产出，而不是两国或多国的产出。

再回到前面的叙述，由于研究宏观国民收入时必须把所有的产品种类都包含在内，消费者除了消费这些产品，没有其他的替代选择。由此可见，在宏观经济中以国民收入为研究对象时，没有比价关系。在单个国家的宏观经济中，总价格水平只是一个符号，不应该存在反映总价格水平和总需求数量之间的总需求曲线。

再来回顾微观生产理论中商品价格和供给关系曲线的推导。由于生产要素的边际贡献先增加后降低，反过来意味着商品的边际成本表现为先下降后上升的“U”形曲线，在完全竞争市场中边际成本等于边际收益，而边际收益等于商品的价格，因此，随着所生产商品价格的上升，可承受的边际成本增加，也即可以增加更多的要素投入以带来产量的增加，这就得到了产品供给数量随价格上升而增加的价格-供给曲线。但在宏观研究中，整体价格水平的上升意味着整体收入的上升，整体收入来源于各生产要素的所得，意味着要素的价格也上升，而要素的价格（即生产的边际成本）也上升。因此，在宏观经济中价格和成本同步上升，总价格水平和总供给二者之间的正向关系不应该成立。从另一个角度来看，由于所有的产品都包含在内，没有其他的产品来作为总产出的相对价格，这样，同样也不应该存在总价格水平同总供给数量之间的总供给曲线。

笔者认为，在以所有产品为研究对象的宏观研究中，社会实际产出虽然同样由产品以及服务生产能力和社会需求共同决定，但没有以总价格水平为中介，而是符合短板原理，即社会实际产出是由生产能力和社会需求中较小的指标决定：当社会产品或服务供不应求，不能满足社会需求时，社会实际产出由生产能力决定；当生产能力过剩，社会产品和服务的需求不足时，社会实际产出由社会需求决定。具体公式为

$$y=\min(\text{社会生产能力，社会有效需求})$$

或者表示为

$$\begin{aligned} y &= \min(\text{社会生产能力，社会有效需求}) \\ &= \begin{cases} \text{社会生产能力}(\text{社会生产能力}=\text{社会有效需求}) \\ \text{社会有效需求}(\text{社会生产能力}>\text{社会有效需求}) \end{cases} \end{aligned} \tag{2.1}$$

式（2.1）中之所以没有用小于符号，是因为从宏观视觉来看，一个社会的有效需求不可能大于社会生产能力。将上面的结论用数学语言来描述，设 Y 为社会实际产出或 GDP，生产函数为 $f(A,L,K,R)$，其中 A 为技术，L 为劳动，K 为资本，R 为自然资源，则有

$$y=\min(f(A,L,K,R),y_d)=\begin{cases} f(A,L,K,R) & Q_S=Q_d \\ y_d & Q_S>Q_d \end{cases} \tag{2.2}$$

式中，y_d 为社会有效需求；Q_S 为社会生产能力；Q_d 为社会需求。

在式（2.2）中，生产能力是由生产函数来决定的。暂时抛开生产供给函数不

管，先来研究社会有效需求的决定。在不考虑政府和国际贸易的情况下，社会有效需求由两部分构成：

社会有效需求=消费需求+投资需求

即

$$D = C + I$$

下面先来考虑消费需求的决定。

消费需求是微观经济学中的有效需求，是由消费欲望和消费能力共同构成的。只有消费欲望但没有消费能力就不能构成有效需求；同样，有消费能力没有消费欲望也不能构成有效需求。即消费需求为

$$C = \min(\text{消费欲望,消费能力})$$

在理性人假设下，消费欲望是没有止境的，因此有效需求主要是由消费能力来决定的，而消费能力在传统理论中认为仅受到收入约束。但是不是消费随着收入的增加会无限增加？下面从微观层面来说明消费需求的决定。

第二节　有效需求中的消费需求决定

微观上，传统的消费理论在效用函数的无餍足性假设和严格单调性假设下，消费者在消费的过程中，效用的最大化会花光全部收入。在宏观消费需求的决定上，有着多种多样的理论，如凯恩斯边际消费倾向递减理论（绝对收入假说）、詹姆斯的相对收入假说、弗里德曼的持久收入假说、莫迪利安尼等的生命周期假说。生命周期假说又可分为标准和广义两种。前者认为消费者在生命周期结束时会用尽全部财富，不考虑子孙后代的福利对其本身效用水平的影响；而后者则认为存在王朝效用函数，消费者会留一些遗产给子孙后代。从现实情况来看，后者是对现实世界更真实的描述。莫迪利安尼认为，在标准生命周期假说下，消费者的储蓄只用于在退休后收入降低时养老，这就是出于生命周期动机的储蓄。此时，边际消费倾向与收入水平无关，收入分配不影响总消费。在广义生命周期假说下，消费者除了有生命周期储蓄，还有用于遗赠的储蓄，即遗赠储蓄。这时，消费者的边际消费倾向与其财富（收入）水平成反比，收入分配会影响总消费。这与凯恩斯的观点一致。产生这种差别的微观基础是：遗赠储蓄倾向与收入水平成正比，收入越高，其中用于遗赠的比例也越高。在生命周期储蓄与收入无关的情况下，这会导致高收入阶层的边际消费倾向低，低收入阶层的边际消费倾向高。霍尔研究了理性预期下的永久收入假说，这是对传统理论的一种具有重大创新意义的拓展。同样，理性预期下的永久收入假说也可分为标准和广义两种。理性预

期下的永久收入假说与无预期的永久收入假说的内在逻辑完全一致，虽然在霍尔假说下人们的消费行为会发生某些变化，但遗赠动机仍然是起决定作用的因素。因此尽管霍尔的理论是一大进步，但却没有改变传统假说下得到的收入分配和消费的关系。

所有的这些理论都无法改变一个事实：消费者只有在解决了自己的基本消费以后才会有机会来权衡是多消费少储蓄还是多储蓄少消费。

一、决定消费需求的微观基础

（一）消费者预算和选择

消费者选择的对象被称为商品束，它是一个完整的商品和劳务表。这里所说的完整是指当分析消费者的选择问题时，已把一切合适的商品都归在商品束的范围了。假定消费者消费 n 种商品，则可用向量 $\boldsymbol{x}=(x_1,x_2,\cdots,x_n)$（其中 x_i 为第 i 种商品或劳务的数量，$i=1,2,\cdots,n$）表示商品束，这时商品束就是 n 维欧氏空间第一象限中的点。商品束的全体称为商品空间，记为 R_+^n。面对 n 种商品，消费者的每种选择方案就对应一个商品束。消费集合是商品空间的一个子集，其元素为消费者在自然约束下对商品所作出的消费选择。消费集合通常用 x 表示，即 $x\subseteq R_+^n$。在微观经济理论中，一般假定消费集合为凸集，也就是说，对 x 中的任何两个元素 x 与 x' 及实数 $a(0\leqslant a\leqslant 1)$，商品束 $x''=a+(1-a)x'$ 也是消费集合 x 中的元素。

从上面对消费能力的约束知道，消费能力受到自然约束和经济约束，即一个人的消费选择只能限于他所能买得起的那些商品束（假设其他的约束没有达到）。假定消费者的收入为 m，与 n 种商品相对应的价格向量为 $\boldsymbol{p}=(p_1,p_2,\cdots,p_n)$，其中 $p_i(i=1,2,\cdots,n)$ 为第 i 种商品的价格。

关于价格向量，微观经济理论在这里说明两件事：

第一，由于消费者选择主要涉及通常意义下的经济物品，即商品的价格是既定的。于是，消费者受到的经济约束可以用商品的市场价格和消费者的收入来描述。消费者可支付得起的商品束是消费集合 x 中的这样的元素，它满足

$$p\cdot x=p_1x_1+p_2x_2+\cdots+p_nx_n \tag{2.3}$$

式（2.3）的含义是明显的，消费者消费 n 种商品的总支出不能超过消费者的收入。满足式（2.3）的商品束称为可行商品束。消费集合中所有可行商品束中的商品都是“好”商品，这意味着每种商品的价格严格大于零，即 $p_i>0$，$i=1,2,\cdots,n$。

第二，为了使讨论简单，假定商品的价格不受消费行为的影响，或者说，这些商品束组成的集合称为预算集合，记其为 B，即

$$B=\{x\in X \mid p\cdot x\leqslant m\}$$

至此，已完成了对消费者选择范围的论述，即消费者在自然约束和经济约束下只能在其预算集合内进行消费选择。另外，这里指出，当收入 $m>0$ 时，由式（2.3）所定义的预算集合具有以下特征：第一，B 为凸集；第二，B 为有界集；第三，B 为闭集。

（二）偏好和效用函数

下面说明消费者的目标。一方面，每种商品都具有满足人们某种需要的属性，在特定的时间内，不同的消费者对同一商品束的需要程度可以不一样。另一方面，同一个消费者对于不同的商品束需要程度也不同。这表明，需要程度是消费者对商品的主观评价。另外，消费者应该能够判明对各种商品的需要程度。但是，一般来说，这种需要程度难以用某种尺度来衡量。因此，以偏好来描述消费者对各种商品的需要程度或满足程度。

为叙述的严密性起见，通常假定它满足以下四个基本公理：

公理 1（完全性）：对 X 中任意的 x、y，$x\succeq y$ 与 $y\succeq x$ 至少有一个成立。

公理 2（传递性）：对 X 中任意的 x、y 和 z，如果 $x\succeq y$、$y\succeq z$，则有 $x\succeq z$。

公理 3（连续性）：对 X 中的任意 y，$u(x)\geqslant u(y)$，集合 $\{x \mid x\succeq y\}$ 和 $\{x \mid y\succeq x\}$ 为闭集。

公理 4（严格凸性）：对 X 中的任何 x、y 和 z，其中 $x\neq y$，如果 $x\succeq z$，且 $y\succeq z$，则对 $0<t<1$ 有 $tx+(a-t)y\succ z$ 成立。

偏好尽管可以用来表示消费者对商品束的喜欢或满足程度，但作为一种顺序关系，偏好难以参与复杂的数学推理和运算，为此，需要借助效用函数来刻画消费者的偏好。

设 $\succeq$ 是定义在消费集合 X 上的偏好关系，函数 $u\colon x\subseteq R_{+}^{n}\to R$ 表示偏好关系 $\succeq$ 的效用函数，如果对 X 中的任何两个商品束 x 和 y，当且仅当 $u(x)\geqslant u(y)$，根据严格偏好和无差异关系的定义，显然有 $x\succeq y$，等价于 $u(x)\geqslant u(y)$，而 $x\succ y$ 等价于 $u(x)>u(y)$。从分析的角度看，引入效用函数旨在建立偏好与函数之间的对应关系，进而借助数学规划等工具来研究消费者的选择问题。如果定义在集合 x 上的偏好关系 Z 满足公理 1～公理 3，则存在表示这种偏好关系 Z 的连续的效用函数。一般地，个人选择问题可表述为：决策者在一定约束下作出决策，以使其目标值达到最大。对消费者选择而言，即：消费者在其预算集合 B 内选择商品束，以使表示其偏好的效用函数达到最大值。根据第一章对餍足性的说明，消费者选择问题（即人对物质或劳务产品的效用函数及其约束）可以用数学模型表示为

$$\max U(x_1,x_2,\cdots,x_n)$$

$$\text{s.t.}\begin{cases}\text{收入约束}\left(\sum\limits_{i=1}^{n}p_i x_i \leqslant m\right)\\ \text{生理能力约束}\\ \text{道德法律约束}\\ \text{时间约束}\\ \text{消费品种约束}\end{cases}\quad \{x_1,x_2,\cdots,x_n\}\subseteq x \tag{2.4}$$

（三）效用最大化的一般讨论

对于模型（2.4），首先需要说明的三个问题是：模型是否有解？若有解，其解是否唯一？如何求出模型的解？下面分别予以说明。

关于模型（2.4）是否有解的问题，这里指出以下几点。第一，前面已经说过，在收入 $m>0$ 和所考察的商品价格均为既定且大于零的情况下，消费者的预算集合 B 为有界闭集。第二，如果模型（2.4）中的效用因数 $u(x)$ 所表示的偏好满足公理1～公理3，则由效用函数的存在性定理可知，效用函数 $u(x)$ 的连续性可以得到保证。第三，根据数学规划中的一个重要结论，若模型（2.4）中的集合 B 为有界闭集，且 $u(x)$ 为连续函数，则模型（2.4）的解存在。

关于模型（2.4）解的唯一性问题，注意到消费者的预算集合 B 为凸集，则有以下结论：如果模型（2.4）中的效用函数 $u(x)$ 为 x 的严格凹函数，且模型（2.4）有解，记为 x^*，则 x^* 是唯一解。若结论不真，则有另一解 x'，使 $u(x^*)=u(x)$。对任 $0<t<1$，考虑 x^* 的线性组合 $tx^*+(1-t)x'$，由 B 的凸性知，$tx^*+(1-t)x'$ 属于 B，而由 u 的严格凹性有 $u[tx^*+(1-t)x']>u(x^*)$，这与 x^* 是模型（2.4）的解矛盾。

下面讨论模型（2.4）的求解问题。首先指出模型（2.4）解的两个性质。其一，模型（2.4）的解 x^* 是价格和收入的零次齐次函数，即 $x^*(\lambda p,\lambda m)=x^*(p,m)$，$(p,\ m)$对任意的 $\lambda>0$ 成立。事实上，当价格 P 和收入 m 分别变为 λp 和 λm 时，消费者的预算集合并没有变化，因而模型（2.4）的解，或消费者的最优选择也没有变化。其二，解集 x^*非负性，即解向量中的任何一件商品不允许出现小于零的数量，意味着某件商品的最低消费数量只能为零。模型（2.4）解的这一性质意味着消费没有货币幻觉。

在传统模型中，由于施加了无餍足性和单调性两个公理性假设，且效用函数只受到收入约束，消费者的效用在对消费束数量上是多比少好，越多效用越大，因此，效用函数最大值的解必定落在收入约束的边界上，即

$$px = p_1x_1 + p_2x_2 + \cdots + p_1x_1 = \sum_{i=1}^{n} p_ix_i = m \tag{2.5}$$

式（2.5）这种假设的含义是消费者将全部收入用于消费或投资，在宏观上的含义为国民收入除了投资余下的部分将全部转化为消费。

本书由于对上面的模型增加了收入以外的其他约束，取消了传统经济理论中无餍足性和严格单调性两个公理性假设，使得效用函数最大值相对应的消费数量不一定落在约束的边界上，也即消费者不一定将全部收入中除投资的部分用于消费。用经济学中最常举例的面包为例，假设商品只有面包一个种类，在传统无餍足性和严格单调性的公理性假设下，消费者追求最大效用，一定会将全部收入用来消费面包。取消了这两个假设后，消费者的收入如果是一个比较大的数量，消费者消费面包的所用的花费将不一定等于消费者的可支配收入，有可能小于其手中可支配的收入。

在模型中收入以外的其他约束在数学处理上，通过改变效用函数的假设来实现，即取消效用函数的无餍足性假设和严格单调性这两个公理性假设，使效用函数不再是一条始终向右上方延伸的曲线，使之成为餍足性假设下的效用模型，即

$$\max\ u(x)$$

$$\text{s.t.} \begin{cases} \sum_{i=1}^{n} p_ix_i \leqslant m \\ x_i \geqslant 0, \quad i = 1,2,\cdots,n \end{cases} \tag{2.6}$$

式（2.6）中，$u(x)'' < 0$，不一定满足$u(x)' > 0$，$x \in (0,\infty)$。

从边际效用递减规律可知，餍足性假设下的总效用函数将不再是一种严格单调递增的函数，在这种假设下，在收入约束边界很大时应该是一种随着消费量的增加，总效用先增加，达到最大值后再逐渐减少的函数形式，此时，效用最大值不在边界处获得，而是在某个内点获得，收入约束没有发挥作用。对于收入约束边界很窄的低收入消费者，最大值可能在收入边界处获得，此时收入约束发挥作用。

（四）模型的求解

为求解模型（2.6）的最大值，在收入约束中添加松弛变量 s，使之转化为等式约束：

$$\max u(x) = u(x_1, x_2, \cdots, x_n) \tag{2.7}$$

$$\text{s.t.}\ \begin{cases}\sum_{i=1}^{n}p_ix_i+s=m \\ x_i\geqslant 0\end{cases}\quad i=1,2,\cdots,n$$

为式（2.7）构造拉格朗日函数：

$$z=u(x_1,x_2,\cdots,x_n)+\lambda\left(m-\sum_{i=1}^{n}p_ix_i-s\right) \tag{2.8}$$

式（2.8）中由于松弛变量 s、x_i 的非负约束，不能直接由拉格朗日函数求解，根据库恩-塔克条件，可以得到如下条件集合：

$$\frac{\partial z}{\partial x_i}\leqslant 0,\ x_i\geqslant 0,\ 且\ \ x_i\frac{\partial z}{\partial x_i}=0\quad (i=1,2,\cdots,n) \tag{2.9}$$

$$\frac{\partial z}{\partial s}\leqslant 0,\ s\geqslant 0,\ 且\ \ s\frac{\partial z}{\partial s}=0 \tag{2.10}$$

$$\frac{\partial z}{\partial \lambda}=0 \tag{2.11}$$

由于 $\frac{\partial z}{\partial s}=-\lambda$，$\frac{\partial z}{\partial s}\leqslant 0$，可得到 $\lambda\geqslant 0$，可将式（2.10）改写为

$$s\geqslant 0,\ \lambda\geqslant 0,\ 且\ s\lambda=0$$

再由式（2.7）中的约束条件解得

$$s=m-\sum_{i=1}^{n}p_ix_i$$

于是上面的式（2.9）～式（2.11）可变为式（2.12）和式（2.13）：

$$\frac{\partial z}{\partial x_i}\leqslant 0,\ x_i\geqslant 0,\ 且\ \ x_i\frac{\partial z}{\partial x_i}=0\quad (i=1,2,\cdots,n) \tag{2.12}$$

$$s=m-\sum_{i=1}^{n}p_ix_i\geqslant 0,\ \lambda\geqslant 0,\ 且\left(m-\sum_{i=1}^{n}p_ix_i\right)\lambda=0 \tag{2.13}$$

式（2.12）的意义为：当消费者效用最大时，如果该商品的边际效用不大于 0，那么该商品的微分消费数量必定下降到 0；如果该商品的微分消费数量不小于 0，则必然有该商品的边际效用下降到 0。二者必居其一。

式（2.13）的意义为：当消费者效用最大时，或者 λ 的影子价格为 0（在此为收入的边际效用），或者消费达到收入约束的边界，即 $m=\sum_{i=1}^{n}p_ix_i(i=1,2,\cdots,n)$，二者必须至少成立一个。通俗地说，当收入全部花光时，收入的影子效用不小于 0；收入没有花光时，收入的影子效用必须为 0。

从以上解释可知，当一个人的收入 m 很大时，有 $m-\sum_{i=1}^{n}p_ix_i>0$, 且 $\lambda=0$ 。含义为高收入者在消费的数量使收入的影子价格为 0 时，收入没有花光，收入约束属于松弛约束，此时的实际消费数额即为该高收入者的饱和需求，在数值上为 $\sum_{i=1}^{n}p_ix_i$ 。即使增加收入，消费集由于影子价格已经为 0，在理性假设之下，消费也不会继续增加。

对于低收入者，即一个人的收入 m 如果很小，则有 $m-\sum_{i=1}^{n}p_ix_i=0$, 但 $\lambda>0$ 。含义为低收入者消费在收入花光时，收入的影子价格还大于 0，收入约束为紧约束，如果收入增加，则会继续增加消费。

上面从微观数理角度说明了饱和消费的存在，但在这里仅仅考虑了社会生产大循环中消费的一环，在经济的发展过程中，有一个收入从低到高的过程。如果在收入没有达到饱和消费的条件下将全部产出用于消费，将使后面的生产过程中没有资本积累，从而面临生产能力剧减的问题。因此在社会经济循环中必然面临一个当期产出如何在投资和消费之间进行选择的问题。根据人的生理特点和需求规律，人的基本生存需求某种程度上为刚性，在收入很低的阶段，将不得不将大部分收入用来消费，在收入超过其生存消费时，消费成为弹性需求，这时才会有可能考虑投资和消费的决策问题。因此消费随收入的增加而增加，在消费具有餍足性的假设下，消费和收入的边际消费倾向将具有递减规律，即：随着收入的增加，消费也会增加，但是消费的增加不及收入的增加多。产出在消费和储蓄二者之间的选择问题即消费的边际倾向问题。

二、消费-收入曲线的拟合

在本书中，根据前面对消费者在消费时具有餍足性的说明，这里用边际消费比例来说明消费随着收入的变化而变化的大致规律，边际消费比例的意义为增加一单位收入中用于增加的消费部分的比率。因为边际消费比例的值大于等于 0 小于 1，在这里假设消费者对消费品的边际消费比例与消费者已经发生的消费量有关。如果消费者在一段时期内，还没有达到对消费品的饱和消费，对该产品已经发生的消费量越少，将收入中用于消费的比例越大，其中最大比例为 1，即增加的全部收入都用于消费；最小比例为 0，意味着消费者已经产生了消费饱和，在既定的研究时期内收入增加并不能增加消费。根据这样的餍足性假定，可以将边际消费比例同收入的关系表示为

$$边际消费比例=\frac{饱和消费-已经发生的消费}{饱和消费}$$

$$\frac{\mathrm{d}}{\mathrm{d}y}c(y)=\frac{D_r-c(y)}{D_r} \tag{2.14}$$

式中，D_r（richman demand）为消费者达到效用最大时的消费数量，命名为饱和消费量；$c(y)$ 为已经消费的数量，是收入 y 的函数。根据对饱和消费的说明，必有 $c(y)<D_r$。

式（2.14）意味着当一个消费者在某个期限内已经发生的消费 $c(y)$ 越大，增加的一单位收入中用于消费的部分, 即 $\Delta c/\Delta y$ 越少。

先将其化成标准形式：

$$c'y+\frac{1}{D_r}c(y)=1 \tag{2.15}$$

求解式（2.15）的微分方程：

$$c(y)=D_r+\mathrm{e}^{-\frac{y}{D_r}}C_1 \tag{2.16}$$

很显然，在没有借贷、收入 y=0 时，消费为 0，即 $c(0)=0$，代入式（2.16）可解得积分常数 c_1 为 $-D_r$。

代入积分常数，将式（2.16）化简为

$$c(y)=D_r\left(1-\mathrm{e}^{-\frac{y}{D_r}}\right) \tag{2.17}$$

再令 $C=\frac{c(y)}{D_r}$，$Y=\frac{y}{D_r}$，曲线简化为

$$C=1-\mathrm{e}^{-Y}$$

该曲线可用图2.1表示。

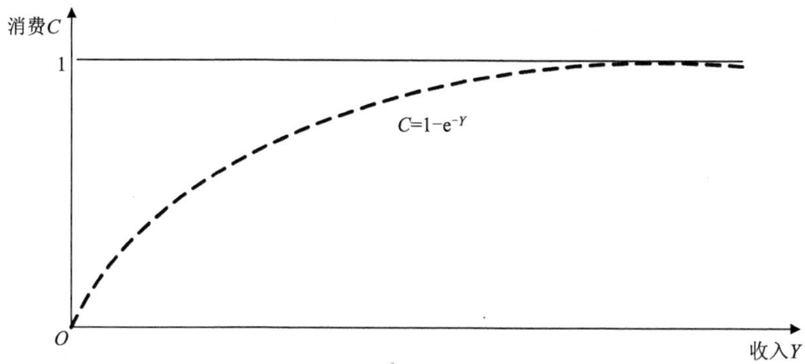

图 2.1　消费-收入关系示意图

从图 2.1 可以看出，在收入水平很低时，消费数量随着收入的增加而快速上升，但收入上升到一定程度以后，消费变得对收入不敏感，几乎与直线$c=1$重合。在科学研究中，函数为非线性函数时，通常用线性函数来进行拟合。现将e^{-Y}泰勒展开：

$$\text{Taylor}(\mathrm{e}^{-Y}, Y=0,\cdots,n)=1-Y+\frac{1}{2}Y^2-\frac{1}{6}Y^3+\cdots+(-1)^n\frac{1}{n!}Y^n \tag{2.18}$$

得到

$$C=1-\mathrm{e}^{-Y}=Y-\frac{1}{2}Y^2+\frac{1}{6}Y^3+\cdots+(-1)^n\frac{1}{n!}Y^n \tag{2.19}$$

将式（2.19）的指数函数一阶泰勒线性化近似代替得到

$$C=Y \tag{2.20}$$

可见，消费函数在收入为 0 附近的近似函数为消费和收入相等，经济意义表现为，低收入群体几乎将全部收入用来消费。上面的指数函数中自变量增加到一定程度后，在一定范围内用一段带有截距的正斜率直线$C=a_0+cY$来拟合（其中的a_0为和收入无关的自发性消费），经济意义为：随着自变量收入的增加，在达到某个消费点后，这时消费者只会将增加收入中的一部分用于消费，消费和收入之间有一个比较固定的函数关系，这个消费点称为自发消费点，在现实经济生活中的中产阶级一般具有这种消费和储蓄安排。但是上面的指数函数在Y值继续增大超过一定范围以后，继续用$C=a_0+cY$线性化则不能很好地拟合原函数。因为超过一定范围，随着Y的增大，e^{-Y}迅速趋近 0，因此在Y增大到一定范围后，用线性函数$C=D_r$来近似原函数。因此有如下分段函数：

$$\begin{cases} Y, & Y\leqslant a_0 \\ a_0+cY, & a_0<Y\leqslant \dfrac{D_r-a_0}{D_r} \\ D_r, & Y>\dfrac{D_r-a_0}{D_r} \end{cases} \tag{2.21}$$

式（2.21）拟合的分段函数图像如图2.2所示。

可以结合图 2.2 来看图中消费-收入曲线的经济意义。图 2.2 表示某个典型消费者在直线OM段，这时由于收入很低，所有的收入必须全部用来满足自己的基本生存消费，没有储蓄或资本积累。随着收入的增加，该消费者的收入超过自发消费点a_0以后，这时，该个体将增加收入中的一部分（比例系数为c）用于消费，而将其余部分用于储蓄。随着收入的继续上升，其消费也将逐渐增加，在本书中的边际效用递减衍生出来的餍足性假设之下，消费并不能无限上升，当在市场上已有的产品消费数量各自达到边际效用 0 时，会停止继续增加消费，这个时候，该个体的消费和其收入水平无关，对应着图 2.2 中的NH段。

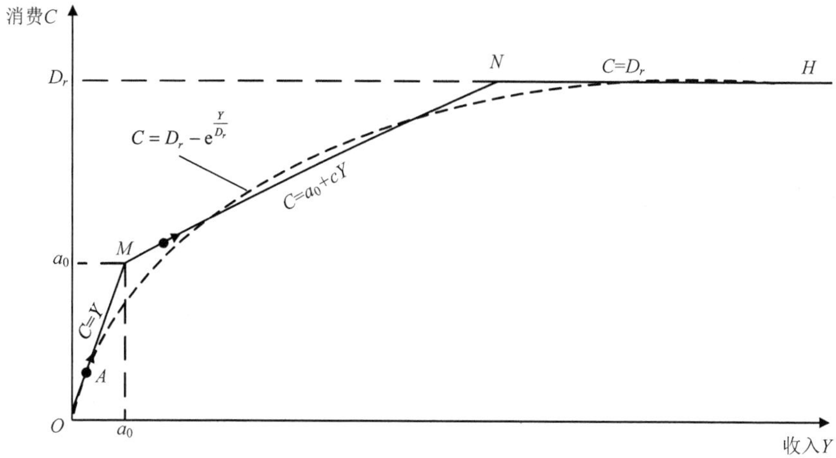

图 2.2　消费-收入曲线线性拟合示意图

三、消费-收入关系的实证检验

上面对消费和收入二者之间的关系进行了假设，但这个假设是否合理，需要实际数据来进行模拟和计量检验。

回到上面的假设，即假设边际消费倾向随着收入的增加而递减，在这里消费为被解释变量，收入为解释变量。但是在实际生活中，消费可能还要受到其他因素的影响，根据生活经验，消费往往不仅受到当期收入的影响，还受到财富存量、身体状况、是否需要买房或学费等大额支出的影响。在这里假设这些变量为控制变量。

在实证研究中，数据的数量和时间对实证研究的结论有重要影响。全国范围的关于收入和消费的微观大样本数据主要有 CHIPS（Chinese Household Income Project Survey，中国家庭收入项目调查）和 CFPS（China Family Panel Studies，中国家庭追踪调查），在本书的实证研究中，由于 CHIPS 数据只公开到 2013 年，根据上面的研究目的，需要大量的微观数据作为样本，在这里采用的是 CFPS 数据。CFPS 重点关注中国居民的经济与非经济福利，以及包括经济活动、教育成果、家庭关系与家庭动态、人口迁移、健康等在内的诸多研究主题，是一项全国性、大规模、多学科的社会跟踪调查项目。CFPS 样本覆盖 25 个省（自治区、直辖市），目标样本规模为 16 000 户，调查对象包含样本户中的全部家庭成员。CFPS 于 2008 年、2009 年在北京、上海、广东三地分别开展了初访与追访的测试调查，并于 2010 年正式开展访问。经 2010 年基线调查界定出来的所有基线家庭成员及其今后的血缘/领养子女将作为 CFPS 的基因成员，成为永久追踪对象。CFPS 调查问卷共有社区问卷、家庭问卷、成人问卷和少儿问卷四种主体问卷类型，并在此基础上不断发展出针对不同性质家庭成员的长问卷、短问卷、代答问卷等多种问卷类型。

根据餍足性基本假设，首先验证收入中消费所占的比例是否随着收入的增加而减少。由于消费中许多消费支出项是以家庭为单位，这里将选取 CFPS 样本中家庭问卷中的 fmecon 表中的家庭消费总支出以及家庭总收入作为样本数据。由于数据分别收集了 2014 年、2016 年、2018 年三个数据样本，这里为了收集尽可能多的样本来验证其一般性，将三个样本组全部作为备选数据予以验证；同时，由于这三个样本数据的收入和消费的明细项并不一致，且时间维度上的年份不一样，故将三份数据分开予以验证。

2014 年、2016 年、2018 年三个年份的原始样本家庭数分别为 13 946 户、14 019 户、14 218 户，家庭样本中根据其从业类型主要分为农户家庭、个体经营户家庭、工薪收入家庭等几种类型。收入组成由打工收入、工资收入、经营性收入、财产性收入、转移性收入、其他收入组成，消费支出主要由家庭设备及日用品支出、衣服鞋帽支出、文教娱乐支出、转移性支出、福利性支出、食品支出、居住支出、医疗保健支出、房贷支出、其他消费支出共同组成。在具体的数据整理和计算中对以下三种情况的样本家庭进行了剔除。①在原始数据中，由于受访人主观、客观或其他原因，部分家庭的收入或消费支出数据不尽合理，如在统计了食品消费等基本支出的情况下，还有部分家庭统计的消费支出数据为 0，显然，人不可能不吃不喝、完全不消费，所以剔除了这部分数据。②还有部分家庭的收入统计为 0 或者为负，这在计算消费同收入的比例时，带来除数为 0 或者比例为负值的问题，因此，将收入项小于或等于 0 的家庭进行了剔除。③在计算收入比例时，其中部分家庭的消费远大于收入，这种消费大于支出的情况从长期看是不合理的，通过对样本家庭数据的仔细观察，一般是偶然性的医疗开支或其他偶然性开支带来的，不具有一般性。同时，这样的情况带来了不良后果，大部分家庭消费比值居于 0 和 1 之间，但消费大于支出的家庭其消费收入比值大于 1，在数据图中因为这种大于 1 特别是远大于 1 的数值的出现而将大量散点样本压缩成一团，无法直观观察 0～1 合理区间的散点分布情况，因此将这类消费大于支出的例外情况也予以剔除。最后用于作图、相关分析、回归分析的样本数据分别为 7 711 户、9 506 户、11 103 户。

在收入和支出数据上画出消费与收入比同收入水平之间的散点图，图 2.3～图 2.5 分别显示了 2014 年、2016 年、2018 年消费与收入比同收入水平之间的相关关系。

在图 2.3～图 2.5 中，横轴为样本家庭的年纯收入，纵轴为家庭消费与收入的比值。在这三个图中，总体上看具有如下特征：在家庭纯收入低的样本中，消费与收入的比值有高有低，但在家庭年纯收入较高的样本中，其消费所占家庭年纯收入的比例普遍较低，且总体具有家庭年纯收入越高、消费占收入的比例越低的特点。样本散点图显示了这样的一个规律：收入高的家庭其消费占收入的比例低，但不一定收入低的家庭消费倾向高。如果用两个指标之间的相关关系值来进行度量，理论上应该是二者之间呈现负相关关系，即表示随着消费者收入的增加，其消费占收入的比例越来越低。

运用 EViews 计量分析软件，分别将三组数据中的家庭消费同家庭年纯收入之比（BILI）与家庭年纯收入（FINCOME）二者之间的相关关系矩阵列举如表 2.1 所示。

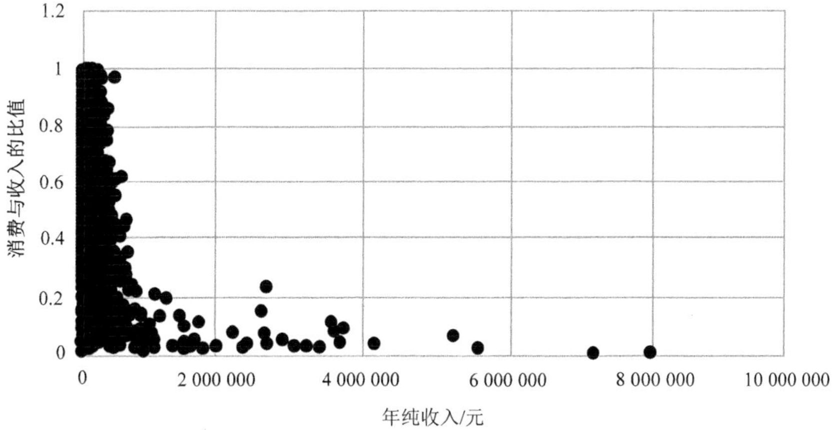

图 2.3　2014 年消费与收入比同年纯收入的散点图

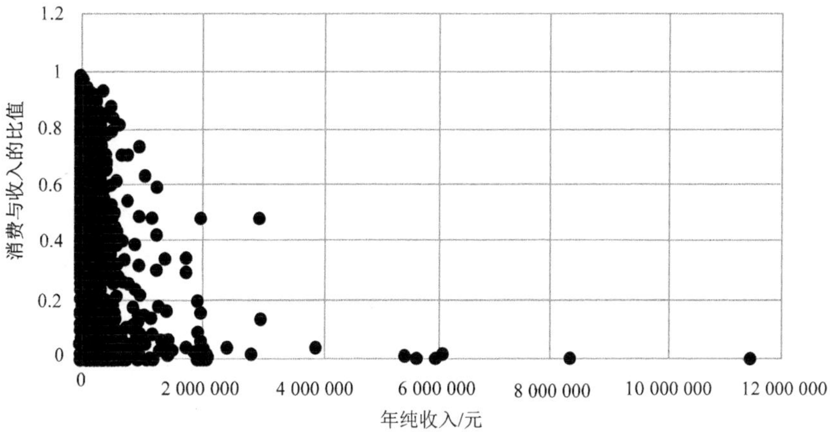

图 2.4　2016 年消费与收入比同年纯收入的散点图

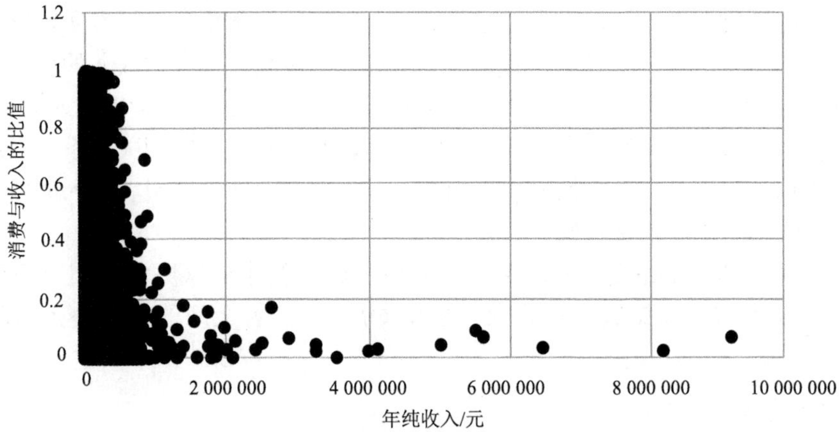

图 2.5　2018 年消费与收入比同年纯收入的散点图

表 2.1　三组家庭消费与收入比例同年纯收入相关系数

年份	家庭消费与收入比例同年纯收入相关系数矩阵		
2014		BILI	FINCOME
	BILI	1	−0.207 7
	FINCOME	−0.207 7	1
2016		BILI	FINCOME
	BILI	1	−0.198 3
	FINCOME	−0.198 3	1
2018		BILI	FINCOME
	BILI	1	−0.140 31
	FINCOME	-0.1403	1

从表 2.1 可以看出，三组数据中家庭消费同家庭年纯收入二者之间的比值与家庭年纯收入二者之间呈现负相关关系，随着收入的增加，用于消费的比例降低。但是从相关系数的值可以看出，这种相关关系虽然符号为负，但是相关系数的值与 0 较为接近，分析各组的样本数据特性，可以看出，虽然收入高的家庭，其消费倾向普遍偏低，但收入低的家庭其消费倾向有高有低，这使二者之间的相关系数离-1 较远。

上面验证了边际消费倾向同收入水平的相关关系是随着收入的增加而减少，但是究竟以一种什么样的近似函数关系减少？为了验证比例系数与家庭年纯收入之间的数量关系，也即大致知道随着收入的增加，其比例值减少多少，以消费比例为被解释变量、可支配收入为解释变量进行回归，其回归结果如表 2.2 所示。

表 2.2　家庭消费与收入比例同年纯收入数量关系回归估计

年份	变量	系数	标准差	F 值	概率
2014	C	0.521 322	0.002 925	178.227 4	0.000 0
	FINCOME	-2.22×10^{-7}	1.19×10^{-8}	−18.641 58	0.000 0
2016	C	0.517 269	0.002 501	206.861 5	0.000 0
	FINCOME	-1.26×10^{-7}	6.28×10^{-9}	−20.135 91	0.000 0
2018	C	0.407 832	0.002 886	141.327 0	0.000 0
	FINCOME	-1.79×10^{-7}	1.20×10^{-8}	−14.930 74	0.000 0

从表 2.2 可以看出，用家庭年纯收入来解释消费倾向的比值大小，三组样本数据都显著拒绝了其影响系数为 0 的假设，其比例系数随着年收入增加 10 万元，消费比例分别下降 2.22%、1.26%、1.79%。

根据前面的结果，$c(y)=D_r\left(1-\mathrm{e}^{-\frac{y}{D_r}}\right)$，这是一个非线性表达式，为了求出消费对收入的解析式，将其幂级数化得到

$$c=y-\frac{1}{2D_r}y^2+\frac{1}{6D_r^{\ 2}}y^3-\frac{1}{24D_r^{\ 3}}y^4+\frac{1}{120D_r^{\ 4}}y^5+\cdots+o(y\infty) \qquad (2.22)$$

式（2.22）为一个有着严格对应关系的函数表达式。在这里，因为研究的变量之间不具有确定的函数关系，将其设定为计量方程

$$c=y+\beta_1y^2+\beta_2y^3+\beta_3y^4+\beta_4y^5+\cdots+\mu_i \qquad (2.23)$$

再进行 OLS 估计，因为表达式（2.23）中没有截距项，因此在进行估计时使用没有常数 C 的估计式。另外，因为这里为横截面数据，估计会有异方差产生，而计量经济学模型一旦出现异方差性，如果仍采用 OLS 估计模型参数，会产生下列不良后果：OLS 估计量仍然具有无偏性和线性性，但不具有有效性，同时 t 检验失去有效性。分别采用 Gleiser 检验和 White 检验，都不能排除异方差的存在，故分别将具有一次项至多次项应用加权最小二乘法进行估计，其估计结果如表 2.3 所示。

表 2.3　2014 年家庭消费与收入比例同年纯收入数量关系回归估计

回归次数	变量	系数	标准差	t 值	概率
二次项回归	FINCOME	0.260 937	0.002 630	99.223 28	0.000 0
	FINCOME×10²	-3.94×10^{-8}	5.56×10^{-10}	−70.764 41	0.000 0
三次项回归	FINCOME	0.358 116	0.003 010	118.992 7	0.000 0
	FINCOME×10²	-1.26×10^{-7}	1.81×10^{-9}	−69.647 34	0.000 0
	FINCOME×10³	1.06×10^{-14}	2.13×10^{-16}	49.719 07	0.000 0

续表

回归次数	变量	系数	标准差	t 值	概率
四次项回归	FINCOME	0.416 964	0.003 244	128.549 9	0.000 0
	FINCOME×10^{2}	-2.64×10^{-7}	4.22×10^{-9}	−62.492 11	0.000 0
	FINCOME×10^{3}	5.76×10^{-14}	1.34×10^{-15}	43.086 55	0.000 0
	FINCOME×10^{4}	-3.92×10^{-21}	1.10×10^{-22}	−35.558 27	0.000 0
五次项回归	FINCOME	0.479 536	0.003 591	133.519 6	0.000 0
	FINCOME×10^{2}	-5.10×10^{-7}	8.50×10^{-9}	−60.005 33	0.000 0
	FINCOME×10^{3}	2.03×10^{-13}	4.63×10^{-15}	43.939 74	0.000 0
	FINCOME×10^{4}	-3.22×10^{-20}	8.70×10^{-22}	−36.985 69	0.000 0
	FINCOME×10^{5}	1.72×10^{-27}	5.27×10^{-29}	32.709 25	0.000 0
六次项回归	FINCOME	0.517 119	0.004 129	125.244 7	0.000 0
	FINCOME×10^{2}	-7.11×10^{-7}	1.42×10^{-8}	−50.015 60	0.000 0
	FINCOME×10^{3}	3.87×10^{-13}	1.14×10^{-14}	33.780 39	0.000 0
	FINCOME×10^{4}	-9.35×10^{-20}	3.61×10^{-21}	−25.857 92	0.000 0
	FINCOME×10^{5}	1.02×10^{-26}	4.90×10^{-28}	20.874 88	0.000 0
	FINCOME×10^{6}	-4.16×10^{-34}	2.38×10^{-35}	−17.452 29	0.000 0
七次项回归	FINCOME	0.548 444	0.005 069	108.193 0	0.000 0
	FINCOME×10^{2}	-9.27×10^{-7}	2.49×10^{-8}	−37.186 68	0.000 0
	FINCOME×10^{3}	6.74×10^{-13}	2.96×10^{-14}	22.781 26	0.000 0
	FINCOME×10^{4}	-2.38×10^{-19}	1.42×10^{-20}	−16.736 51	0.000 0
	FINCOME×10^{5}	4.37×10^{-26}	3.22×10^{-27}	13.559 63	0.000 0
	FINCOME×10^{6}	-4.01×10^{-33}	3.43×10^{-34}	−11.693 68	0.000 0
	FINCOME×10^{7}	1.46×10^{-40}	1.39×10^{-41}	10.507 70	0.000 0
八次项回归	FINCOME	0.556 789	0.006 220	89.518 21	0.000 0
	FINCOME×10^{2}	-1.00×10^{-6}	4.03×10^{-8}	−24.835 62	0.000 0
	FINCOME×10^{3}	8.16×10^{-13}	6.82×10^{-14}	11.961 91	0.000 0
	FINCOME×10^{4}	-3.46×10^{-19}	4.88×10^{-20}	−7.090 318	0.000 0
	FINCOME×10^{5}	8.33×10^{-26}	1.74×10^{-26}	4.784 962	0.000 0
	FINCOME×10^{6}	-1.15×10^{-32}	3.24×10^{-33}	−3.540 457	0.000 4
	FINCOME×10^{7}	8.39×10^{-40}	3.00×10^{-40}	2.796 779	0.005 2
	FINCOME×10^{8}	-2.52×10^{-47}	1.09×10^{-47}	−2.313 957	0.020 7
九次项回归	FINCOME	0.541 279	0.007 241	74.748 15	0.000 0
	FINCOME×10^{2}	-8.33×10^{-7}	5.67×10^{-8}	−14.704 89	0.000 0
	FINCOME×10^{3}	3.77×10^{-13}	1.25×10^{-13}	3.002 710	0.002 7
	FINCOME×10^{4}	1.19×10^{-19}	1.22×10^{-19}	0.978 075	0.328 1
	FINCOME×10^{5}	-1.63×10^{-25}	6.15×10^{-26}	−2.644 833	0.008 2
	FINCOME×10^{6}	5.94×10^{-32}	1.73×10^{-32}	3.433 599	0.000 6
	FINCOME×10^{7}	-1.04×10^{-38}	2.72×10^{-39}	−3.836 666	0.000 1
	FINCOME×10^{8}	9.06×10^{-46}	2.24×10^{-46}	4.052 174	0.000 1
	FINCOME×10^{9}	-3.10×10^{-53}	7.43×10^{-54}	−4.169 924	0.000 0

在表 2.3 多项式逼近回归中，当多项式达到八次项时，该项系数超过 10%的

概率不能拒绝其为 0 的假设，其显著性水平超过了 10%。故用七次项作为其拟合回归式。此时将七次项各回归系数与对应函数式求解其饱和消费水平，Maple 软件求解过程如下：

solve(0.927e−6 = 1/(2*D_r), D_r);

539 374

solve(0.674e−12 = 1/(6*D_r^2), D_r);

497 272

solve(0.238e−18 = 1/(24*D_r^3), D_r);

559 419

solve(0.437e−25 = 1/(120*D_r^4), D_r);

660 822

solve(0.401e−32 = 1/(720*D_r^5), D_r);

808 918

solve(0.146e−39 = 1/((720*7)*D_r^6), D_r);

1 052 453

均值：686 376

同样的饱和消费水平为什么会出现差异？这是因为这里仅仅只是一个计量回归方程，其收入中多少比例用于消费，存在系统性和偶然性误差，这在统计研究中是不可避免的。各系数的求解 D_r 的结果如表 2.4 所示。

表 2.4　2014 年饱和消费 D_r 数值解

项目	$\frac{1}{2!D_r}$	$\frac{1}{3!D_r^2}$	$\frac{1}{4!D_r^3}$	$\frac{1}{5!D_r^4}$	$\frac{1}{6!D_r^5}$	$\frac{1}{7!D_r}$	均值
系数值	-9.27×10^{-7}	6.74×10^{-13}	-2.38×10^{-19}	4.37×10^{-26}	-4.01×10^{-33}	1.46×10^{-40}	
D_r 解	539 374	497 272	559 419	660 822	808 918	1 052 453	686 376

2016 年样本数据的泰勒多项式展开逼近回归情况如表 2.5 所示。

表 2.5　2016 年家庭消费与收入比例同年纯收入数量关系回归估计

回归次数	变量	系数	标准差	t 值	概率
二次项回归	FINCOME	0.214 522	0.002 268	94.584 67	0.000 0
	FINCOME×10^2	-1.91×10^{-8}	2.61×10^{-10}	−73.190 06	0.000 0
三次项回归	FINCOME	0.344 562	0.002 772	124.315 6	0.000 0
	FINCOME×10^2	-9.26×10^{-8}	1.16×10^{-9}	−79.840 22	0.000 0
	FINCOME×10^3	5.39×10^{-15}	8.35×10^{-17}	64.534 97	0.000 0

续表

回归次数	变量	系数	标准差	t 值	概率
四次项回归	FINCOME	0.402 992	0.003 116	129.324 8	0.000 0
	FINCOME×10^2	-1.69×10^{-7}	2.46×10^{-9}	−68.549 48	0.000 0
	FINCOME×10^3	2.27×10^{-14}	5.07×10^{-16}	44.788 18	0.000 0
	FINCOME×10^4	-9.49×10^{-22}	2.74×10^{-23}	−34.580 92	0.0000
五次项回归	FINCOME	0.450 020	0.003 620	124.314 5	0.000 0
	FINCOME×10^2	-2.73×10^{-7}	4.99×10^{-9}	−54.665 75	0.000 0
	FINCOME×10^3	6.34×10^{-14}	1.78×10^{-15}	35.576 96	0.000 0
	FINCOME×10^4	-6.09×10^{-21}	2.18×10^{-22}	−27.931 96	0.000 0
	FINCOME×10^5	2.04×10^{-28}	8.57×10^{-30}	23.761 82	0.000 0
六次项回归	FINCOME	0.479 710	0.004 093	117.199 4	0.000 0
	FINCOME×10^2	-3.71×10^{-7}	8.21×10^{-9}	−45.210 95	0.000 0
	FINCOME×10^3	1.25×10^{-13}	4.46×10^{-15}	27.957 93	0.000 0
	FINCOME×10^4	-2.00×10^{-20}	9.57×10^{-22}	−20.944 48	0.000 0
	FINCOME×10^5	1.50×10^{-27}	8.70×10^{-29}	17.233 40	0.000 0
	FINCOME×10^6	-4.19×10^{-35}	2.80×10^{-36}	−14.962 33	0.000 0
七次项回归	FINCOME	0.548 444	0.005 069	108.193 0	0.000 0
	FINCOME×10^2	0.498 995	0.004 738	105.311 5	0.000 0
	FINCOME×10^3	-4.55×10^{-7}	1.33×10^{-8}	−34.155 61	0.000 0
	FINCOME×10^4	1.98×10^{-13}	1.02×10^{-14}	19.480 26	0.000 0
	FINCOME×10^5	-4.43×10^{-20}	3.17×10^{-21}	−13.950 60	0.000 0
	FINCOME×10^6	5.17×10^{-27}	4.67×10^{-28}	11.073 72	0.000 0
	FINCOME×10^7	-3.00×10^{-34}	3.24×10^{-35}	−9.269 933	0.000 0
八次项回归	FINCOME	0.518 061	0.005 567	93.067 45	0.000 0
	FINCOME×10^2	-5.62×10^{-7}	2.12×10^{-8}	−26.568 10	0.000 0
	FINCOME×10^3	3.25×10^{-13}	2.20×10^{-14}	14.743 29	0.000 0
	FINCOME×10^4	-1.04×10^{-19}	9.75×10^{-21}	−10.681 26	0.000 0
	FINCOME×10^5	1.88×10^{-26}	2.16×10^{-27}	8.737 015	0.000 0
	FINCOME×10^6	-1.91×10^{-33}	2.50×10^{-34}	−7.637 379	0.000 0
	FINCOME×10^7	1.01×10^{-40}	1.45×10^{-41}	6.950 646	0.000 0
	FINCOME×10^8	-2.14×10^{-48}	3.30×10^{-49}	−6.491 155	0.000 0
九次项回归	FINCOME	0.535 323	0.006 205	86.275 63	0.000 0
	FINCOME×10^2	-6.75×10^{-7}	2.78×10^{-8}	−24.307 52	0.000 0
	FINCOME×10^3	4.91×10^{-13}	3.45×10^{-14}	14.224 49	0.000 0
	FINCOME×10^4	-2.05×10^{-19}	1.89×10^{-20}	−10.870 44	0.000 0
	FINCOME×10^5	5.00×10^{-26}	5.42×10^{-27}	9.208 498	0.000 0
	FINCOME×10^6	-7.19×10^{-33}	8.81×10^{-34}	−8.158 760	0.000 0
	FINCOME×10^7	6.00×10^{-40}	8.13×10^{-41}	7.386 589	0.000 0
	FINCOME×10^8	-2.68×10^{-47}	3.97×10^{-48}	−6.767 342	0.000 0
	FINCOME×10^9	4.97×10^{-55}	7.95×10^{-56}	6.248 333	0.000 0

续表

回归次数	变量	系数	标准差	t 值	概率
十次项回归	FINCOME	0.550 574	0.007 545	72.961 78	0.000 0
	FINCOME×10^2	-7.98×10^{-7}	4.44×10^{-8}	−17.957 93	0.000 0
	FINCOME×10^3	7.30×10^{-13}	7.57×10^{-14}	9.6452 93	0.000 0
	FINCOME×10^4	-3.96×10^{-19}	5.69×10^{-20}	−6.949 960	0.000 0
	FINCOME×10^5	1.27×10^{-25}	2.25×10^{-26}	5.665 114	0.000 0
	FINCOME×10^6	-2.49×10^{-32}	5.07×10^{-33}	−4.912 387	0.000 0
	FINCOME×10^7	2.97×10^{-39}	6.74×10^{-40}	4.412 580	0.000 0
	FINCOME×10^8	-2.12×10^{-46}	5.23×10^{-47}	−4.051 054	0.000 1
	FINCOME×10^9	8.25×10^{-54}	2.19×10^{-54}	3.772 636	0.000 2
	FINCOME×10^{10}	-1.35×10^{-61}	3.81×10^{-62}	−3.547 793	0.000 4

由表 2.5 可知，一直到十次项回归，都在显著性 1%水平下拒绝系数为 0 的假设。再进行到十一次项，出现 near singular matrix 错误，即内生性带来的奇异矩阵问题，故用其十次项作为近似回归表达式，其各个系数的 D_r 值如表 2.6 所示。

表 2.6　2016 年饱和消费 D_r 数值解

项目	$\frac{1}{2!D_r}$	$\frac{1}{3!D_r^2}$	$\frac{1}{4!D_r^3}$	$\frac{1}{5!D_r^4}$	$\frac{1}{6!D_r^5}$	$\frac{1}{7!D_r^6}$	$\frac{1}{8!D_r^7}$	$\frac{1}{9!D_r^8}$	$\frac{1}{10!D_r^9}$	均值
系数值	7.98×10^{-7}	7.30×10^{-13}	3.96×10^{-19}	1.27×10^{-25}	2.49×10^{-32}	2.97×10^{-39}	2.12×10^{-46}	8.25×10^{-54}	1.35×10^{-61}	
D_r解	626 566	477 818	472 097	506 120	561 427	636 994	736 000	871 912	1 082 514	663 494

2018 年样本数据的泰勒多项式展开逼近回归情况如表 2.7 所示。

表 2.7　2018 年家庭消费与收入比例同年纯收入数量关系回归估计

回归次数	变量	系数	标准差	t 值	概率
二次项回归	FINCOME	0.344 447	0.002 989	115.224 7	0.000 0
	FINCOME×10^2	-4.04×10^{-8}	5.45×10^{-10}	−74.141 42	0.000 0
三次项回归	FINCOME	0.453 829	0.003 076	147.553 8	0.000 0
	FINCOME×10^2	-1.44×10^{-7}	1.77×10^{-9}	−81.321 45	0.000 0
	FINCOME×10^3	1.14×10^{-14}	1.89×10^{-16}	60.513 73	0.000 0
四次项回归	FINCOME	0.521 348	0.003 447	151.264 4	0.000 0
	FINCOME×10^2	-2.91×10^{-7}	4.48×10^{-9}	−64.942 99	0.000 0
	FINCOME×10^3	5.37×10^{-14}	1.21×10^{-15}	44.386 69	0.000 0
	FINCOME×10^4	-3.01×10^{-21}	8.52×10^{-23}	−35.301 49	0.000 0
五次项回归	FINCOME	0.572 995	0.003 916	146.312 2	0.000 0
	FINCOME×10^2	-4.69×10^{-7}	8.34×10^{-9}	−56.247 22	0.000 0

续表

回归次数	变量	系数	标准差	t 值	概率
五次项回归	FINCOME×10^3	1.49×10^{-13}	3.99×10^{-15}	37.300 21	0.000 0
	FINCOME×10^4	-1.95×10^{-20}	6.66×10^{-22}	−29.260 84	0.000 0
	FINCOME×10^5	8.95×10^{-28}	3.59×10^{-29}	24.939 85	0.000 0
六次项回归	FINCOME	0.570 306	0.004 733	120.487 5	0.000 0
	FINCOME×10^2	-4.57×10^{-7}	1.48×10^{-8}	−30.871 09	0.000 0
	FINCOME×10^3	1.39×10^{-13}	1.07×10^{-14}	12.908 66	0.000 0
	FINCOME×10^4	-1.66×10^{-20}	2.98×10^{-21}	−5.547 248	0.000 0
	FINCOME×10^5	5.40×10^{-28}	3.52×10^{-28}	1.535 199	0.124 8
	FINCOME×10^6	1.50×10^{-35}	1.49×10^{-35}	1.011 676	0.311 7
七次项回归	FINCOME	0.586 678	0.005 680	103.296 3	0.000 0
	FINCOME×10^2	-5.55×10^{-7}	2.40×10^{-8}	−23.141 70	0.000 0
	FINCOME×10^3	2.59×10^{-13}	2.56×10^{-14}	10.142 34	0.000 0
	FINCOME×10^4	-7.21×10^{-20}	1.11×10^{-20}	−6.498 060	0.000 0
	FINCOME×10^5	1.22×10^{-26}	2.26×10^{-27}	5.373 108	0.000 0
	FINCOME×10^6	-1.10×10^{-33}	2.16×10^{-34}	−5.115 509	0.000 0
	FINCOME×10^7	4.04×10^{-41}	7.77×10^{-42}	5.197 391	0.000 0
八次项回归	FINCOME	0.604 716	0.006 752	89.566 87	0.000 0
	FINCOME×10^2	-6.90×10^{-7}	3.65×10^{-8}	−18.924 97	0.000 0
	FINCOME×10^3	4.92×10^{-13}	5.37×10^{-14}	9.163 824	0.000 0
	FINCOME×10^4	-2.27×10^{-19}	3.33×10^{-20}	−6.810 710	0.000 0
	FINCOME×10^5	6.14×10^{-26}	1.03×10^{-26}	5.989 310	0.000 0
	FINCOME×10^6	-9.17×10^{-33}	1.65×10^{-33}	−5.550 723	0.000 0
	FINCOME×10^7	6.94×10^{-40}	1.33×10^{-40}	5.219 528	0.000 0
	FINCOME×10^8	-2.08×10^{-47}	4.22×10^{-48}	−4.924 518	0.000 0
九次项回归	FINCOME	0.585 369	0.008 157	71.759 25	0.000 0
	FINCOME×10^2	-5.13×10^{-7}	5.57×10^{-8}	−9.197 568	0.000 0
	FINCOME×10^3	8.77×10^{-14}	1.10×10^{-13}	0.798 439	0.424 6
	FINCOME×10^4	1.40×10^{-19}	9.31×10^{-20}	1.503 450	0.132 8
	FINCOME×10^5	-1.04×10^{-25}	4.05×10^{-26}	−2.560 974	0.010 5
	FINCOME×10^6	3.12×10^{-32}	9.72×10^{-33}	3.212 466	0.001 3
	FINCOME×10^7	-4.78×10^{-39}	1.31×10^{-39}	−3.662 953	0.000 3
	FINCOME×10^8	3.65×10^{-46}	9.15×10^{-47}	3.985 237	0.000 1
	FINCOME×10^9	-1.10×10^{-53}	2.61×10^{-54}	−4.216 725	0.000 0

由表 2.7 可知，当多次项增加到九次项时，其系数在 42%的概率水平上不能拒绝其为 0 的假设，故用其八次项作为近似回归表达式，其各个系数的 D_r 值分别如表 2.8 所示。

表 2.8　2018 年饱和消费 D_r 数值解

项目	$\frac{1}{2!D_r}$	$\frac{1}{3!D_r^2}$	$\frac{1}{4!D_r^3}$	$\frac{1}{5!D_r^4}$	$\frac{1}{6!D_r^5}$	$\frac{1}{7!D_r^6}$	$\frac{1}{8!D_r^7}$	均值
系数值	6.90×10^{-7}	4.92×10^{-13}	2.27×10^{-19}	6.14×10^{-26}	9.17×10^{-33}	6.94×10^{-40}	2.08×10^{-47}	
D_r解	724 637	582 025	568 313	606 963	685 582	811 649	1 025 455	714 946

2014 年、2016 年、2018 年三年的饱和消费数据如表 2.9 所示。

表 2.9　2014 年、2016 年、2018 年饱和消费值

年份	2014	2016	2018
饱和消费值（现值）	686 376	663 494	714 946

从理论上来说，饱和消费的数值应该随着年份的推进其值呈现逐渐上升的势头，这是因为随着时代的发展和科技的进步，消费品理论上应该越来越丰富。但从表 2.9 中可以看出，2016 年的饱和消费值低于 2014 年，这里可能有两个因素导致出现这种情况：其一，样本数据采用的是抽样调查，不能排除偶然误差；其二，样本家庭因为消费趋势、商业营销活动等因素在前面年份购买了耐用消费品（如电器、汽车等），因为耐用品可以连续多年使用，致使后面的年份消费比前面的年份低。如果将上面三个年度的数据进行移动平均，其饱和消费数值从 674 934 元上升到 689 215 元，从平均水平上看还是呈现上升的势头。

根据国民收入核算理论，用支出法来计算国民收入时，如果不考虑政府和进出口，支出只有两种渠道，一是消费，二是投资，用公式表示为：$y=C+I$。

上面讨论了有关消费者的消费决策问题，但消费只是问题的一个方面，还必须考虑投资是如何决定的。

第三节　有效需求中的投资需求决定

一、传统投资决定理论

古典宏观经济学的投资决定理论是通过储蓄与利率来论述的。储蓄是收入中不用于当前消费（用于未来消费）的部分，投资则是指资本品的增加。当人们把一部分收入储蓄起来准备将来消费时，这部分收入就可用于增加未来时期的资本。因此，可把储蓄看作是资本的供给。至于储蓄是否被用于生产以增加资本投入，则取决于社会生产部门对资本的需求情况，因而投资可看成是对资本的需求。只

有当资本的需求与供给相等时，社会资本数量才能得以确定。

古典宏观学者认为利率是富有伸缩性的，并且利率的任何变动都将引起储蓄和投资的变动。如果在某种利率下，社会储蓄的数量超过投资数量，资本的供给就超过需求，在自由资本市场上，市场资本利率将下降；相反，如果利率过低，人们的储蓄意愿就会降低，使储蓄低于投资，资本供给就小于资本需求，这说明利率太低，资本供应者不愿意在当前这种低利率下把资本租给生产者使用，利率就会上涨。可见，只有当利率达到使储蓄正好等于投资的水平时，才能进行资本交易。这样的利率水平就是均衡利率，它是由投资曲线与储蓄曲线的交点决定的。古典宏观经济学认为，资本市场同劳动市场和产品市场一样，也是完全竞争的，而完全竞争性保证了资本市场必然要处于均衡状态，市场利率就等于均衡利率，投资与储蓄随之确定下来。

凯恩斯否定了古典学派的这种观点，他认为，储蓄不仅决定于利率，更重要的是受收入水平的影响。收入是消费和储蓄的源泉，只有收入增加了，消费和储蓄才会增加；收入不增加，即使利率再高，储蓄也无从增加。如若不知道收入水平的高低，就无法建立储蓄和利率的函数；而如果不知道储蓄函数，也就不能确定利率，从而也就不能确定投资水平和国民收入水平。所以他认为，投资不是由利率和储蓄决定的，并提出了自己的投资决定理论，这个理论可以用表 2.10 来简要地归纳。

表 2.10　凯恩斯理论中投资需求的影响因素

<table>
<tr><td rowspan="5">投资(I)</td><td rowspan="3">利率(i)（资本的使用价格）</td><td>货币需求(L)（根据流动性偏好理论，$L=L_C+L_B+L_I$）</td><td>交易动机(L_C)
谨慎动机(L_B)
投机动机(L_I)</td></tr>
<tr><td colspan="2">货币供应(M)（外生变量，由政府部门直接决定）</td></tr>
<tr style="display:none"></tr>
<tr><td rowspan="2">资本边际效率(r)</td><td colspan="2">预期收益率(r)（$r=E[R]$）</td></tr>
<tr><td colspan="2">资产收益率(R)（资本的内部报酬率，或叫作资本的供给价格）</td></tr>
</table>

从表 2.10 中可以看到，影响投资的因素是利率和资本边际效率。利率是资本的使用价格，是生产者向单位资本支付的报酬（使用费），利率越高，对资本的需求就越低，投资也就越少。资本边际效率是资本的供给价格，是生产者多租用一个单位资本所获得的收益增加量，资本边际效率越高，对资本的需求也就越大，从而投资越大。因此，投资由利率和资本边际效率共同决定，与利率反向变动，与资本边际效率同向变动。

资本的边际效率取决于生产情况，即取决于生产技术、资本投入和劳动投入，利率则由货币的供给和需求决定。虽然货币供给由政府管理当局直接决定，但货币需求由公众决定，并受到诸多因素的影响。人们需要货币，是因为人们对货币的流动性有着特殊的偏爱。为了满足表 2.10 中三种动机所需持有的货币总量，便构成货币需求。凯恩斯在《通论》中说明了总收入决定于总供给相等的总有效需求，而有效需求决定于消费支出和投资支出，由于消费倾向在短期是稳定的，因此有效需求主要决定于投资引诱，投资量又决定于资本边际效率和利率的比较。若资本边际效率一定，则投资决定于利率，利率决定于货币数量和流动性偏好（即货币需求）。货币需求由货币的交易需求和投机需求构成，交易货币需求决定于收入水平，而投资货币需求决定于利率水平。可见，在商品市场上，要决定收入必须先决定利率，否则投资水平无法确定；而利率是在货币市场上决定的，在货币市场上，如果不先确定一个特定的收入水平，就无法确定利率。这样，凯恩斯的理论就陷入了循环推论：利率通过投资影响收入，而收入又通过货币需求影响利率；或者反过来说，收入依赖于利率差，而利率又依赖于收入。

凯恩斯的后继者发现了这一循环推论的错误，并把商品市场与货币市场结合起来建立了 IS-LM 模型。在 IS-LM 模型中，IS 曲线收入是利率的减函数，LM 曲线是利率的增函数，二者的交点上产品市场和货币市场同时达到均衡，但并不一定是充分就业的均衡，如果均衡点的收入低于充分就业的收入，则仅靠市场的自发调节，无法实现充分就业均衡，这就需要依靠国家用财政政策或货币政策进行调节。

熊彼特（Schumpeter，1961）分析了企业家利润及利息的产生。按照熊彼特的观点，只有在实现了创新的发展情况下，才存在企业家，才产生利润，才有资本和利息。这时，企业总收入超过其总支出，这种余额或剩余，就是企业家利润。在熊彼特看来，这是企业家由于实现了创新或生产要素的新组合而应得的合理报酬。关于利息的形成，熊彼特提出了三大要点。第一，利息实质上来自剩余价值或余额价值。在正常的经济生活里，除了上述余额或剩余外，没有别的东西能产生利息，而这种余额或剩余，如前所述，乃来自创新所引起的经济发展。因此，在循环流转的情况下，也就是在没有经济发展的情况下，不会有利息。第二，发展带来的余额或剩余价值，一般分为两类：一类是企业家利润；一类是同发展本身相联系的结果。显然，利息不能来自后者，因此，利息只有来自也必须来自企业家利润。利息便是从这种报酬中支付的，如同对利润的一种课税。第三，在一种通行交换经济也就是商品经济的社会里，利息不是暂时的，而是一种永久现象。

在资本论中，马克思根据劳动价值论认为资本家在对剩余价值的追逐中，会不断提高资本的有机构成，只有通过投资，提高了有机构成，才能取得超额剩余价值。关于利息，马克思认为其来源只能是由工人创造的剩余价值，是金融资本家与生产资本家在瓜分剩余价值过程中，最后等量资本获得等量利润，这种平均化的利润率即是利息。

二、最终消费需求决定投资

古典理论中，在利率作用下，储蓄始终等于投资，消费者在利率高时宁愿减少当前消费而换取将来更多的消费，投资相应增加。由于储蓄和投资相等，从宏观来看，收入不是用来消费就是用来投资，但从需求角度来看，消费和投资都是有效需求的内容，因此在古典理论中就应该没有需求不足的概念。这个问题，在前面的餍足性假设中已经得到了比较充分的说明。

凯恩斯的投资决定论认为投资取决于利率和资本边际效率两个变量，假定资本的边际效率不变，只要降低利率，原先不值得投资的项目也可以投资了，投资就会增加。首先，资本的边际效率取决于资本投资收益的历年现值之和与投资的数量，而资本不管投资到哪里，要取得收益都离不开市场，谈到市场就离不开供给和需求。在需求小于供给的情况下，可以预期到如果保持现有价格，则产品将会滞销，如果市场价格下跌，则会导致资本边际效率下降。由此可见，在需求不足的情况下，由于这种预期的作用，利率下降并不能有效增加生产性投资。凯恩斯提出的流动性陷阱理论认为，利率低时，资产的价格就高，高得只有下降的可能，这也从另外一个角度说明，如果利率极低，则大家都愿持有货币而不愿投资。

除了熊彼特和马克思，上面的分析都没有将实体经济和披着面纱的货币虚拟经济进行区分。从宏观层面来看，现代的纸币或虚拟货币只是实物的一种代表形式，在对投资和利息进行分析时，有必要褪去这层面纱，直接对实体经济进行讨论，使结论更为直观和简洁。

投资只是一种引致需求（derived demand），也叫派生需求，投资的最终目的是消费，在消费需求不足时，最终会影响到投资需求的不足，因此有效需求中的投资部分最终还是要归结到消费需求上。如果在消费需求不足时，私人企业不愿投资，通过政府投资来增加有效需求，当期的问题看似得到了解决，但投资又会增加产能，同时，通过政府投资的大项目、大工程往往是资本密集型工程，低收入群体从中增加的收入比例相对偏低，在高收入群体的消费已近于饱和的情况下，在下一期产能扩大之后，总供给和总需求之间的矛盾更为突出。因此，在有效需求不足时，从某种程度上来看，政府的财政政策投资，往往只是拖延了问题，不仅没有解决问题，从长期来看，反而加剧了问题。

当然，投资在实施过程中其中一部分会以工资的形式增加低收入群体的收入，使有效需求增加，有效需求的增加又反过来增加了投资需求，这是一个连续的反馈过程。但是通过本章第四节的差分方程分析将会得知，这种反馈会不断衰减直至收敛到一个恒定水平，并不会无限增加，因此是消费需求最终决定投资需求。

由此，在有效消费需求不足时，投资不能最终解决问题，在封闭经济条件下，扩大消费需求才是扩大有效需求的最根本手段。

第四节 消费需求决定条件下的国民收入水平

上面各自分析了消费和投资的决定，因为投资最终决定于消费，所以在一定的期限内是最终消费需求决定了国民收入的大小。下面就图 2.2 接着前面对消费和储蓄的选择行为进行分析。

社会上如果贫富差距很小，可用一个代表性的个体来代表整个社会群体的消费-储蓄关系。在不同的发展阶段，经济个体可能存在三种消费-储蓄方式：在经济发展的早期阶段，如原始社会，整个社会平均分配，但由于收入水平很低，人们都只能处于图 2.2 曲线中的 *OM* 段；随着收入的增加，如果贫富差距仍然很小，则人们集体进入曲线的 *MN* 段；经济继续发展，仍然没有大的贫富差距，人们都能物尽其用，进入曲线的 *NH* 段。但是，由于社会贫富差距的存在，可能在同一个时间点上，有的群体还处在 *OM* 段，有的则处在 *MN* 段，还有的群体处在 *NH* 段，因此总共有七（$C_3^1+C_3^2+C_3^3=2^3-1=7$）种可能存在的方式。这里假设实行市场经济制度，市场的优胜劣汰不可能出现上面所说的收入水平齐头并进的局面，去除没有贫富差距的三种，还剩下四种可能存在的方式，即 *OM*-*NH*、*MN*-*NH*、*OM*-*MN*、*OM*-*MN*-*NH*。下面分别就这四种可能存在的消费-储蓄方式做相应的静态分析，这里的静态分析，是指没有时间路径的演变过程，同时假设其他条件不发生改变，这时最终投资需求决定于消费需求，所以这里仅仅考虑只有消费需求时达到最后的稳态点时国民收入的值的大小，这时所有的产出都用于消费（没有折旧。假设存在折旧，则所有的产出全部用于重置投资和消费，没有净投资的增加）。

一、*OM*-*NH*型

在 *OM*-*NH* 型中，如图 2.6 所示，图中 *MN* 为虚线，只有 *OM* 直线段和 *NH* 射线存在，这种组合折线意味着社会经济出现严重的两极分化：低收入群体的收入只能维持自己的基本消费，基本没有任何储蓄，也即低收入群体的消费和收入是相等的；同时高收入群体的消费达到了饱和，收入的增加并不能使其消费相应增加，这时，高收入群体的消费成为一个和其收入水平无关的常量。

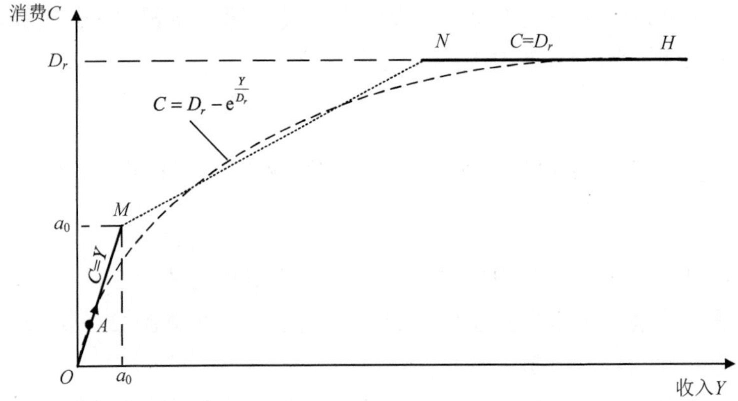

图 2.6 OM–NH 型示意图

这里的假设前提是生产能力大于有效需求，这时，国民收入由有效需求（即消费总需求与投资需求）决定，有

$$y = D_{TC} + I$$

其中，

$$D_{TC} = D_r + C_p = D_r + \alpha y$$

式中，D_{TC} 为社会总需求；D_r 为高收入群体的饱和需求；C_p 为低收入群体的消费（数值上等于其收入）；y 为国民收入；α 为低收入群体在国民收入中所占的收入份额。

假设低收入群体当期的消费来源于上一期的收入，那么在当期，社会总收入和总社会需求方程为

$$y_{d(t+1)} = D_{r(t+1)} + I_{(t+1)} + \alpha y_{d(t)} \tag{2.24}$$

式中，I 为投资需求。

假设每期高收入群体的消费都为固定的饱和消费，即

$$D_{r(1)} = D_{r(2)} = \cdots = D_{r(t+1)} = D_r$$

每期的投资 $I_{(t+1)}$ 不变（仅为重置投资），即

$$I_1 = I_2 = \cdots = I_{(t+1)} = I$$

求解差分方程（2.24），得到 $y_{d(t)} = A\alpha^t + \dfrac{D_r + I}{1-\alpha}$，其中 A 为根据初始值待定的系数，令初始值为 $y_{d(0)}$，解得 $A = y_{d(0)} - \dfrac{D_r + I}{1-\alpha}$，最后得到

$$y_{d(t)} = \left(y_{d(0)} - \frac{D_r + I}{1-\alpha}\right)\alpha^t + \frac{D_r + I}{1-\alpha} \tag{2.25}$$

根据前面对投资决定的讨论，投资需求最终决定于消费需求，在持有资本的群体出现消费需求饱和时，再增加净投资将会使产出中资本持有人所得份额超出自己的消费需要，这部分所得如果继续投资，劳资之间不变分配比例将使下一期产出过剩更加突出。在没有信用货币的前提下，高收入群体获得产出份额中无法消费的部分只能用于实物储蓄，储蓄超过一定限度，投资将减少，达到均衡时，社会将利用存量资本进行生产，产出全部用来消费或弥补重置投资，没有新增投资。

在信用货币社会里，高收入群体在消费达到饱和时，储蓄物质产品数量有限，但可以储蓄货币。从宏观角度来讲，信用货币就是一种债权，有人储蓄了货币，一定有人负担了债务，因此信用货币储蓄一定意味着发生了借贷消费或借贷投资，高收入群体信用储蓄的增加对应着社会经济的增长，但同时意味着信用规模的增加。在黄金、白银等贵重金属作为货币的硬通货时代，如果贵重金属的产出跟不上其他社会产出，高收入群体对金银货币的储蓄受限加上上面所述的实物储蓄有限，表现为经济出现通货紧缩，经济增长受阻。

因为$0<\alpha<1$，$y_{d(t)}$收敛，当净投资为0，经济达到稳态时，其解为

$$y_t = \frac{D_r + I}{1-\alpha} \tag{2.26}$$

考虑到这种情况下只有高收入群体和低收入群体两类，即$\alpha+\beta=1$（其中β为高收入群体在收入中所占的份额），由式（2.26）可得到

$$y_t = \frac{D_r + I}{\beta}$$

可见，如果持有资本的群体达到饱和消费状态，在一定周期内不能再增加消费，低收入群体在没有借贷消费的前提下，也不能再增加消费，这时总消费需求达到一个定值。根据前面的论述，投资需求又由最终消费需求确定，这时，国民收入由有效需求决定，国民收入的大小同高收入群体的饱和消费呈正向关系，同高收入群体在国民收入中所占的收入分配份额呈反向关系。

考虑到折旧，有$y = D_r + \alpha y + I_{net} + \delta K$（$\delta$为折旧率），这时，投资分为净投资和重置补偿投资，在消费需求不足时，相应的净投资I_{net}为0时，只是补偿资本折旧，均衡国民收入为

$$y_{(\Delta K=0)} = \frac{D_r + \delta K}{1-\alpha} \quad 或 \quad y_{(\Delta K=0)} = \frac{D_r + \delta K}{\beta} \tag{2.27}$$

式（2.27）的经济意义为：只是补偿折旧投资，净投资为0不再增加时，没有信贷时的国民收入将会趋于一个稳态，总收入取决于高收入群体的消费、重置资本以及收入份额比例。在高收入群体消费愿望和重置资本一定时，社会总产出

与高收入群体的收入成反比。

二、MN−NH型

如图 2.7 所示，在 MN−NH 型中，OM 为虚线，只有 MN 直线段和 NH 射线存在，这种组合折线意味着社会经济已经消灭了绝对贫困，低收入群体的收入除了自己的基本生存消费外，还有了按照边际储蓄倾向的储蓄，也即消费由两部分组成：一部分是自发性消费，另一部分是随着收入增加而增加的一部分。这时高收入群体的消费同样达到了饱和，收入的增加并不能使其消费相应增加，高收入群体的消费成为一个和其收入水平无关的常量。

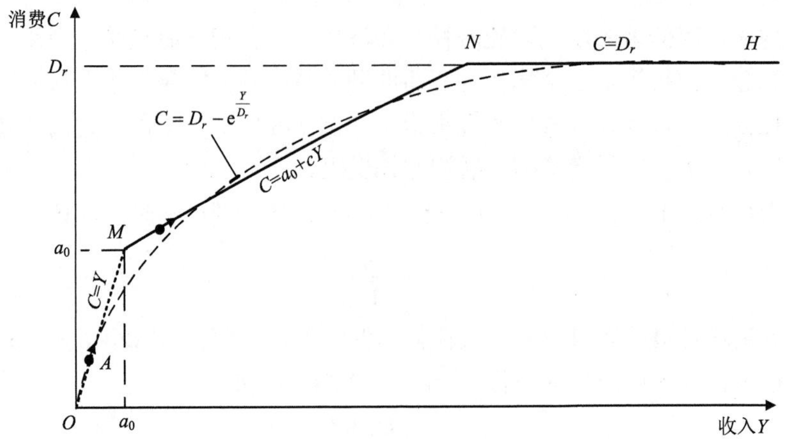

图 2.7 MN−NH 型示意图

这时，需求管理下的国民收入由消费总需求与投资总需求决定，计算公式为

$$y = D_r + a_0 + c(\chi y - a_0) + \delta K + I \tag{2.28}$$

式中，D_r 为高收入群体的饱和需求；$a_0 + c(\chi y - a_0)$ 为中等收入群体的消费；y 为国民收入；χ 为中等收入群体在国民收入中所占的收入份额；c 为中等收入群体的边际消费倾向。

在式（2.28）中，$I = \mathrm{d}K/\mathrm{d}t$，在这种情况下，高收入群体消费已经达到饱和，如果净投资 $I = \mathrm{d}K/\mathrm{d}t = 0$，可解得

$$y_{(\Delta K=0)} = \frac{D_r + \delta K + (1-c)a_0}{1 - c\chi} \tag{2.29}$$

式（2.29）这种情况和前面的 OM−NH 型不同，在 OM−NH 型中，高收入群体收入中按照消费倾向的消费部分使高收入者的消费达到饱和，如果没有信用借贷，除非高收入群体愿意无限储蓄，否则就不会持续增加投资，在这种情况下，

公式为

$$y = D_{TC} + I$$

式中，y 为国民收入；D_{TC} 为消费总需求；I 为投资总需求。按照社会由低收入群体和中等收入群体构成的假设，消费总需求由中等收入群体的消费 C_m 和低收入群体的消费 C_p 构成；投资总需求一般分为重置投资 δK 和净投资 I_{net}，所以有

$$y = C_m + C_p + \delta K + I_{net}$$

其中，$C_m = a_0 + c(\chi y - a_0)$，$C_p = \alpha y$，故得到

$$y = a_0 + c(\chi y - a_0) + \alpha y + \delta K + I \tag{2.30}$$

式中，α 为低收入群体在国民收入中所占的收入份额；c 为高收入群体的边际消费倾向。

在式（2.30）中，$I = \mathrm{d}K/\mathrm{d}t$，国民收入达到稳态时，净投资 $I = \mathrm{d}K/\mathrm{d}t = 0$，这时只考虑重置投资。

考虑到 $\alpha + \chi = 1$，求解（2.30）式得到

$$y_{(\Delta K=0)} = \frac{a_0}{1-\alpha} + \frac{\delta K}{(1-c)(1-\alpha)}$$

或

$$y_{(\Delta K=0)} = \frac{a_0}{\chi} + \frac{\delta K}{(1-c)\chi} \tag{2.31}$$

但是，在此种曲线组合下，该均衡不会成为一个稳定均衡，因为在这种情形下，高收入群体的每期消费还没有达到饱和，消费还有需求的情况下，有投资需求发生，经济将会一直增长下去，直到其他条件发生改变为止。

四、*OM*-*MN*-*NH*型

在图 2.9 所示的 *OM*-*MN*-*NH* 型中，*OM* 线段和 *MN* 线段以及 *NH* 射线都存在，这种组合折线意味着，社会经济中同时存在着没有摆脱绝对贫困的低收入群体、中等收入群体以及达到饱和消费的高收入群体。

这时，有效需求由消费总需求与投资总需求决定的国民收入，计算公式为

$$y = D_{TC} + I$$

其中，$D_{TC} = D_r + C_m + C_p$，$C_m = a_0 + c[(1-\alpha-\chi)y - a_0]$，$C_p = \alpha y$，得到

$$y = D_r + a_0 + c[(1-\alpha-\chi)y - a_0] + \alpha y + I \tag{2.32}$$

式中，D_{TC} 为国民收入；D_r 为高收入群体的需求；C_m 为中等收入群体的消费；C_p 为低收入群体的消费（数值上等于其收入）；y 为国民收入；a_0 为中等收入群体的自发性消费；α 为低收入群体在国民收入中所占的收入份额；χ 为高收入群体的分配份额；c 为中等收入群体的边际消费倾向。

低收入群体所有的收入全部用来消费，消费还有上升空间，但是低收入群体本身没有储蓄，即使有增加消费的空间，也不能增加投资。

此时的 *MN-NH* 型曲线，虽然高收入群体消费同样达到了饱和，在实物经济中因为消费有限没有借贷的前提下失去了投资的动力，但是这时的中等收入群体自身有了储蓄，同时在消费上还有上升空间，理论上储蓄应该能转化为投资，使经济继续增长。但是这种在理论上还存在着的经济增长并不一定得以实现，在同一个市场范围内，如果现在拥有储蓄的相对低收入群体进行投资，会对高收入群体产生竞争，但在竞争中低收入群体的竞争力因为金融支持上的原因比不上高收入群体，低收入群体的投资很难得到预期的结果，没有预期的回报，而极有可能是亏损。在这种情况下，即使拥有储蓄和消费需求，储蓄也不一定能顺利转化为投资，使经济持续增长。

三、*OM-MN*型

图 2.8 为 *OM-MN* 型，其中 *NH* 为虚线，*OM* 线段和 *MN* 线段为实线，这种组合折线意味着，社会经济中部分人已经摆脱了绝对贫困，出现了积累，社会有低收入群体和中等收入群体（没有高收入群体），有了明显的贫富分化。中等收入群体的收入除了自己的基本生存消费外，还有了按照边际储蓄倾向的储蓄，也即消费由两部分组成：一部分是自发性消费，另一部分是随着收入增加而增加的一部分。

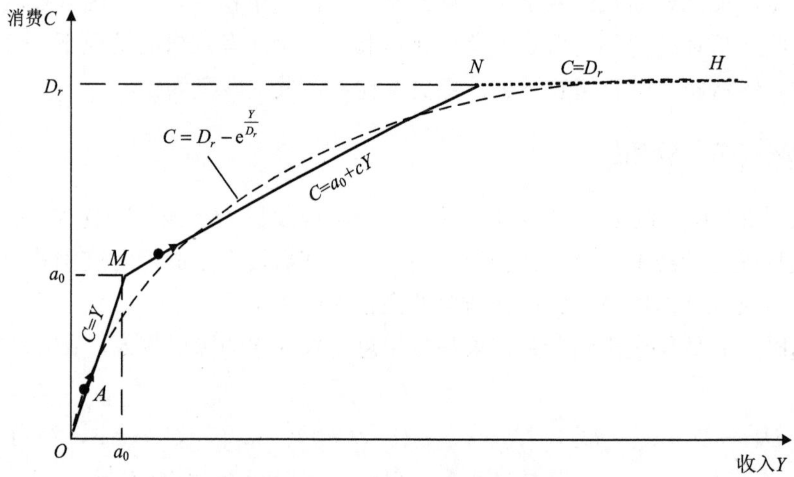

图 2.8　*OM-MN* 型示意图

这时低收入群体的收入只能维持自己的基本消费，基本没有储蓄，也即自己的消费和收入是相等的。这时，国民收入由消费总需求与投资总需求决定，计算

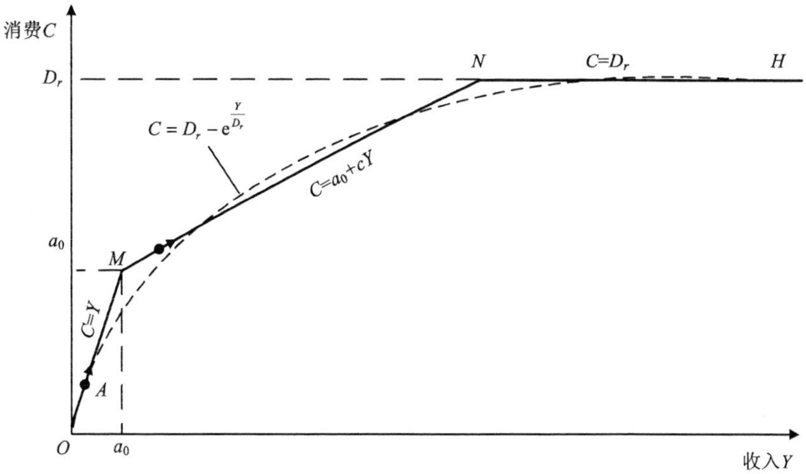

图 2.9 *OM–MN–NH* 型示意图

在式（2.32）中，$I = \mathrm{d}K/\mathrm{d}t$，假如净投资 $I = \mathrm{d}K/\mathrm{d}t = 0$，由式（2.32）解得产出全部用于消费时的国民收入为

$$y_{(\Delta K=0)} = \frac{D_r + a_0(1-c) + \delta K}{(1-c)(1-\alpha) + c\chi} \tag{2.33}$$

这种情况在是否存在净投资继续增加的问题上同 *MN–NH* 型相同，在同一市场范围内，如果高收入群体对中等收入群体的投资产生恶意竞争行为，使中等收入群体的投资成为沉没成本，同样会使储蓄不能顺利地转化为投资，经济停止增长。如果没有新增投资，从国民收入决定式中可以看到，在此种曲线组合下，增加低收入群体的分配比重、降低高收入群体的收入比重、增加中等收入群体的边际消费倾向，都能增加国民收入水平。

综合上述四种情况，只要持有资本的高收入群体出现了消费饱和，其消费不能再增加，在其他条件不发生改变并且没有信用借贷的情况下，社会经济的增长将会由于具有投资主导权的高收入群体的有效需求不足形成截止性终结，经济增长受到需求制约而停滞。在 *OM–MN* 型的情形下，有效需求不会形成对社会经济增长的制约，此时国民收入由社会生产能力决定。在高收入群体达到饱和消费的情况下，社会中的财富分配是影响国民收入的重要因素。这时，通过降低高收入群体在国民收入中的财富份额可以提高国民收入水平。随着高收入群体收入分配份额的降低，国民收入将升高，直到有效需求等于社会生产能力为止，此时国民收入转而由社会生产能力来决定。

五、模型的比较静态分析

上面分析的是在净投资为零时，资本存量不再发生变化的均衡状况，这时意味着所有的产出除重置投资以外全部用来消费，因为所有的投资都是引致性投资，在有效需求稳定不再增加以后，不管投资的投入-产出比有多高，投资也将中断。没有了净投资的增加，要达到供需平衡只能是所有的产出都用来消费和弥补现有资本的折旧。

在由有效需求决定的均衡国民收入水平中，均衡值的大小是由分配比例系数、饱和需求与自发消费几个变量来共同决定的。如果这些变量发生改变，将对均衡值产生什么样的影响？下面对这个问题予以说明。

根据上面几种情况下的均衡式，分别求出各个系数的导数表达式，结果如表 2.11 所示。

表 2.11 各变量在不同类型中对国民收入的影响

类型		*OM*–*NH*	*MN*–*NH*	*OM*–*MN*	*OM*–*MN*–*NH*
均衡表达式		$\frac{D_r+\delta K}{\beta}$	$y_{(\Delta K=0)}=\frac{D_r+\delta K+(1-c)a_0}{1-c\chi}$	非稳定状态	$\frac{D_r+a_0(1-c)+\delta K}{(1-c)(1-a)+c\chi}$
影响大小和方向	$\mathrm{d}y/\mathrm{d}D_r$	$1/\beta$	$1/(1-c\chi)$	×	$1/[(1-c)(1-\alpha)+c\chi]$
	$\mathrm{d}y/\mathrm{d}a_0$	×	$(1-c)(1-c\chi)$	×	$(1-c)/[(1-c)(1-\alpha)+c\chi]$
	$\mathrm{d}y/\mathrm{d}c$	×	$\frac{\chi(\delta K+D_r)-\chi a_0}{(1-c\chi)^2}$	×	$\frac{(\delta K+D_r)(a+\chi-1)+a_0\chi}{[(1-c)(a-1)+c\chi]^2}$
	$\mathrm{d}y/\mathrm{d}\alpha$	×	×	×	$\frac{[a_0(c-1)-\delta K-D_r](c-1)}{[(a+x-1)c+1-a]^2}$
	$\mathrm{d}y/\mathrm{d}\beta$	$-\frac{D_r+\delta K}{\beta^2}$	×	×	×
	$\mathrm{d}y/\mathrm{d}\chi$	×	$\frac{-[\delta K+D_r-(1-c)a_0]c}{(1-c\chi)^2}$	×	$\frac{-[D_r+a_0(1-c)+\delta K]c}{[(1-c)(1-a)+c\chi]^2}$

在表 2.11 中，“×”表示不存在该变量导数，考虑到 c、α、β、χ 的取值区间均为（0,1），从表 2.11 中可以得到，饱和消费 D_r 的提高在 *OM*–*NH*、*MN*–*NH*、*OM*–*MN*–*NH* 型中都有正的大于 1 的乘数效应；自发性消费 a_0 的增加在 *OM*–*NH* 型中有一个正的但小于 1 的乘数效应；提高中低收入群体的分配份额都有一个正的乘数效应，增加高收入群体的收入分配份额具有负的乘数效应。

凯恩斯在其《通论》出版之前的《通向繁荣的途径》一文中，在说明乘数效应时，详细地说明了收入分配和边际消费倾向有着密切的关联，但不知为何，在后面的《通论》中，在计算乘数时，他却没有将收入分配的变量纳入乘数的表达式中。实际上，在表 2.11 中，如果将投资纳入式子中，应用凯恩斯在《通论》中计算乘数的方法，再考虑低收入群体的边际消费倾向接近于 1，可以得到包含收入变量的投资的乘数同凯恩斯乘数是一致的。

后来的新古典综合派的乘数理论中的错误，关键就是忽略了消费者的消费餍足性问题，在他们的 $C = a_0 + cy$ 假设中，认为消费始终会随着收入的增加而增加，这和微观经济中的边际效用递减是互相矛盾的，可见该理论正如自由学派声称的那样缺乏微观经济学基础。

特别值得说明的是，上面的分析是一种理论上的抽象分析，存在一个极为严格的假设，即假设社会经济中没有信用借贷。在现实经济中，由于存在信用货币，高收入群体在自身消费达到饱和后并不会马上停止生产投资，而是继续生产进行财富积累，在高收入群体积累大量信用货币财富的同时，社会一定积累了等量的对高收入群体的债务，随着经济的持续增长，高收入群体的货币财富越大，如果债务的借方没有足够的回报，这个债务水平就会越高，给贷方带来的信用风险也就会越大，使之成为危机的潜在根源。

第三章 餍足性假设下增加均衡静态国民收入的途径

一旦高收入群体的消费达到饱和，就意味着收入即使增加，但消费由于边际效用为零而无法继续增加。在没有货币媒介的实物经济中，高收入群体分配得到的产品已经超出了自己的消费能力，如果在以后的生产活动中，继续依照这种分配比例，高收入群体就会将分配到的实物产品进行储蓄。一般来讲，实物产品的储蓄大都有变质折旧现象的存在，实物产品的储蓄超过一定的限度，如一年的产出已经能满足自己几年的消费以后，在没有办法增加消费的情况下，理性人不会选择继续扩大投资，而只会控制自己的生产规模，使之调整后的生产中所得到的收入流量和自己的消费流量差不多，此时对整个社会来说，社会经济的增长趋于停滞，不能发挥出应有的潜在产出水平。在过去以金银等贵重金属作为货币媒介的经济中，容易发生和这种情况相类似的景象。因为贵重金属的发现和开采往往跟不上其他社会产出的增加，在金融体系很落后的情况下，高收入群体对金银货币的储蓄追求使货币价格相对上升，对应着商品价格的相对下跌，经济表现为通货紧缩，经济增长受阻。

在经济增长过程中，特别是二元经济转型国家，假如农业中的剩余劳动力还没有转移完毕，工资还停留在非常低的生存工资水平，城市现代部门的资本所有者由于转型中生产力的提高、大量生产剩余的获得而进入了饱和消费阶段，如果没有信用货币作为媒介或金融体系落后，厂商产品库存达到一定限度后就会很容易选择停产减产。资本所有者因缺乏有效消费需求，使生产稳定到一个既定外生变量决定下的均衡状态，这时从有效需求决定的国民收入决定式 $y^* = \dfrac{D_r + \delta K^*}{\beta}$ 中可以知道，如果能想办法扩大式中分子的有效需求水平，或者能够减小分母改善收入分配，就能够以乘数效应提高国民收入水平。下面从这两个方面来予以分析。

第一节 扩大有效需求

在这里选取收入差距悬殊较大的$OM-NH$型为例，在该种情况下的国民收入决定式中，分子部分的有效需求包括高收入群体的饱和消费和投资（重置投资），扩大饱和消费与投资主要有以下几种形式。

一、服务消费

前面章节的生产只考虑了农产品以及城市工业品的生产，没有把服务消费纳入模型中来。服务消费有着不同于物质产品的消费特点：其一，物质产品的生产和消费不一定同时发生，生产的产品并不一定能等量售出，但服务消费和生产必定同时发生，生产的过程就是消费的过程；其二，服务消费特别是单纯的劳务消费，基本不需要对低收入群体而言非常稀缺的物质资本投入。在高收入群体的物质消费已经进入饱和区间的条件下，增加对服务的消费可以提高国民收入水平。

在物质产品的消费中，由$y^*=\dfrac{D_r+\delta K^*}{\beta}$可知，增加$D_r$的乘数为$1/\beta$。如果物质消费达到饱和以后，增加服务消费，根据服务消费的特点，劳动者在提供给服务消费者一定量的服务后，增加的收入对低收入的工资获得者来说，将又全部用于消费，得到

$$y=\underbrace{D_r+C_s}_{\text{高收入群体的消费}}+\underbrace{\alpha y_{t-1}}_{\text{低收入群体的消费}}$$

式中，C_s为服务消费，这里假设只存在低收入群体向高收入群体提供劳务服务，没有折旧，没有投资；α为物质产品生产中低收入群体所得到的产出比例。

如果高收入群体仅仅只在一期中增加服务消费C_s，则得到的均衡产出水平为$y=C_s+\dfrac{D_r+C_s}{1-\alpha}=C_s+\dfrac{D_r+C_s}{\beta}$，$C_s$的乘数大小为$1+\dfrac{1}{\beta}$，可见服务消费的乘数要比物质消费大。之所以比物质消费大，是因为服务消费既是高收入群体的需求，同时又全部成为低收入群体的收入。

上面的过程举例计算如下：一个富人增加了C_s数额的家政消费，按照国民收入的核算准则，这是新增的服务支出，在这个支出发生的同时，提供家政服务的低收入者增加C_s的收入，而这个收入又成为低收入者的有效需求，下一期在生产过程中因为这增加的C_s，低收入者又将增加αC_s的收入，再下一期得到$\alpha^2 C_s$收入，循环下去得到因高收入群体增加一期C_s的服务支出而增加总需求：

$$\Delta y = \underbrace{C_s}_{\text{服务支出}} + \underbrace{C_s + \alpha C_s + \alpha^2 C_s + \cdots}_{\text{低收入群体各期支出}} = C_s + C_s \frac{1-\alpha^{n-1}}{1-\alpha}$$

因为$0<\alpha<1$，再加上原来的$\frac{D_r+\delta K}{\beta}$，因此得到

$$y = C_s + \frac{D_r + C_s + \delta K}{\beta}$$

其中，y对消费支出C_s的导数为

$$\frac{\mathrm{d}y}{\beta} = 1 + \frac{1}{\beta} \tag{3.1}$$

从式（3.1）可见，如果高收入群体一次性增加消费支出带来的乘数为$1+\frac{1}{\beta}$，且每期高收入群体都增加C_s的消费，则乘数变为$\frac{2}{\beta}$。

下面来考察服务消费对收入分配差距的影响。在这里，如果只有物质产品的生产和消费，高收入群体的分配份额为β，现在，当每期高收入群体增加C_s的服务消费，所有的产出全部用来消费时，总的商品和劳务的产出为$\frac{D_r+2C_s}{\beta}$，其中高收入群体的收入总额为D_r+C_s，占总收入的比例为

$$\beta' = \frac{D_r + C_s}{\frac{D_r + 2C_s}{\beta}} = \beta\left(1 - \frac{C_s}{D_r + 2C_s}\right) \tag{3.2}$$

式（3.2）中很明显有$\beta' < \beta$，收入差距问题得到改善。由此可知，在二元经济转型过程中，如果剩余劳动力没有转移完毕即出现城市现代部门资本拥有群体的消费饱和，大力鼓励服务业既能以一个双倍的乘数增加国民收入，又能减少贫富收入差距，减少剩余劳动力数量。

这将引出下一个问题：如果服务消费在高收入群体还没有进入饱和消费时出现，对国民经济的增长会有什么影响？

根据假设，资本拥有者在还没有进入物质产品的饱和消费时，由边际消费倾向决定消费量的大小。假设边际消费倾向依然为c，另假设生产函数为$y=mk$（生产函数设为该形式，将在第四章动态分析时做详细说明），则高收入群体的收入为$\beta' y$，消费为D_r+C_s，因为消费还没有达到饱和，这时储蓄能够全部转化为投资，即有

$$I = S = \beta' y - (D_r + C_s) = \Delta K$$

由生产函数$y=mK$有$\Delta y = m\Delta K$，代入上式可以得到

$$\frac{\mathrm{d}y/\mathrm{d}t}{y(t)}=m\beta'-\frac{mD_r}{y(t)}-\frac{mC_s}{y(t)} \tag{3.3}$$

式（3.3）同只有物质产品生产和消费的增长率 $g_y=m\beta-\frac{mD_r}{y(t)}$ 相比，由于有 $\beta'<\beta$，增长率必定降低，但随着产出 y 的增加，增长率之间的差异将越来越小，最终二者之差无限接近一个常数。可见，如果在增长的过程中高收入群体增加对低收入群体提供的服务消费，可以改善收入差距，但在初期会降低社会经济的增长率，以后随着社会产出的不断增加，产出水平达到很高时，增长率水平和没有发生服务消费的增长率水平将逐渐接近一个常数。$mC_s/y(t)$ 随着 $y(t)$ 的增大逐渐减少直至无限接近 0。

因此，农民转型（这里的农民转型不同于农业转型，农业转型是指农业生产中生产要素有资本的参与，使生产函数发生改变，而农民转型是指农业的剩余劳动人口由农业生产转移到非农业生产）期间，如果高收入群体还没有达到饱和消费阶段，就增加服务性消费，在改善收入分配差距的同时，会降低增长率水平，使高收入群体达到饱和性消费的时间延长。同时，由于需要增加劳动力投入到服务性行业，剩余劳动力被吸收完毕的时间会提前来到，从而降低出现劳动-资本双重过剩的机会。此外，服务性消费还会使最终物质产品达到饱和消费时的国民收入按倍增的乘数增加。

二、公共产品消费

上面虽然引入了服务消费，但是高收入消费者对服务消费的需求仍然不是无限的，服务消费也存在着一个饱和的消费数量，理发、理疗、按摩和安保之类的服务消费，依然由于时间约束和生理能力约束，存在一个限度。消费者对物质劳务产品达到消费饱和，表现为市场上已有的产品和服务都能够有能力进行购买和消费，但是还有一些具有非排他性、非竞争性的物品和劳务在市场经济条件下，由于其公共产品的特性不能由市场上的私人来提供。例如，公路、广场、街景、国防、环境等，高收入群体有经济能力消费，但是在市场条件下没有私人愿意提供这类产品，因为提供者付出了成本，却不能阻止别人从中受益，边际成本和收益不等，所以这类物品的生产不宜由市场上的个人决策来解决。因此，必须由政府作为组织者负责筹资提供公共物品。在这些公共物品和准公共物品中，街景、广场、环境绿化等公共品只是一种纯粹的消费；公路、机场这类公共投资在满足了富人消费需求的同时，也降低了商品原料和制成品的运输成本，同时会使将来商品的生产能力增加。在下面的分析中引入政府。这时，社会上对公共物品的需求依然分为两部分：高收入者的需求和低收入者的需求。

$$y = \underbrace{D_r + C_s + C_p}_{\text{高收入群体的消费}} + \underbrace{\alpha y + C_s}_{\text{低收入群体的消费}} \tag{3.4}$$

式中，C_p 为高收入群体对公共产品的需求。

由于式（3.4）中公共产品的消费由政府支出，式（3.4）可改写为

$$y = \underbrace{D_r + C_s}_{\text{高收入群体的消费}} + \underbrace{\alpha y + C_s}_{\text{低收入群体的消费}} + \underbrace{G}_{\text{政府支出}}$$

但政府不是生产部门，政府的支出必然有个来源，在没有考虑货币影响的实物经济分析中，唯一的来源只能是税收，但税收来源不同，决定了公共支出对经济拉动的效果。

1）如果政府支出来源于高收入群体，则由需求决定国民收入，即由式（3.4）构成。这时，国民收入恒等式、政府支出的乘数分别为

$$y = \frac{D_r + 2C_s + G}{1-\alpha}, \quad \mu_G = \frac{1}{1-\alpha} = \frac{1}{\beta} \tag{3.5}$$

2）如果政府支出来源于全体国民，此时有效需求式为

$$y = \underbrace{D_r + C_s}_{\text{高收入群体的消费}} + \underbrace{\alpha(y-T) + C_s}_{\text{低收入群体的消费}} + \underbrace{G}_{\text{政府支出}}$$

如果政府实行平衡预算，即税收和支出相等，有 $T = G$，代入式（3.5）解得此时政府支出的国民收入和乘数大小分别为

$$y = \frac{D_r + 2C_s + (1-\alpha)G}{1-\alpha}, \quad \mu_G = 1 \tag{3.6}$$

在式（3.6）中，因为 β 为高收入群体的收入在国民收入中的比例系数，必然有 $0 < \beta < 1$，因此有 $\mu'_G < \mu_G$。

所以在政府进行公共投资提供公共品时，实行全民征税的乘数效果要小于对高收入群体征税的效果。

为了进一步说明政府征税对象对经济的影响，这里假设政府支出的税收来自低收入群体，则式（3.4）为

$$y = \underbrace{D_r + C_s}_{\text{高收入群体的消费}} + \underbrace{\alpha y + C_s - T}_{\text{低收入群体的消费}} + \underbrace{G}_{\text{政府支出}} \tag{3.7}$$

从式（3.7）中可以看到，如果 $T = G$，则此时政府支出是低收入群体的一种替代消费，只是把低收入群体准备用于私人物品的消费用到了公共支出上，不能拉动总消费水平，也不能增加国民收入均衡值的大小。

3）政府支出来源于通货膨胀，由于以前讨论的都是实体经济，没有涉及以货币为媒介的经济活动，现在不便对通胀给出一个是否明确拉动经济增长的定量或定性结论，但这里从上面的分析结论中，可以确定的是不同收入群体的通货膨胀受损情况，决定了政府支出的效果。如果铸币税来自高收入群体，则政府政策有

效；如果来自低收入群体，则政策失效。实际上，在发生通货膨胀时，高收入群体往往可以通过调整资产组合来避免损失，低收入群体则因为缺乏金融上的腾挪手段而无法避免这种损失。

由以上分析可知，高收入群体由于收入水平高，对公共消费品存在更多的需求，政府的公共工程投资，应该源自高收入群体的需求的真实反映，政府公共支出的增加，对国民经济所起作用大小取决于政府支出的来源。如果公共支出来自对其他产品达到饱和需求的高收入群体，则政府的财政政策有效，能够以$1/\beta$乘数提高国民收入水平；如果公共支出来自针对全体国民的定量税，则只能够以乘数 1 提高国民收入水平，增加数量上等同于政府支出的国民收入。理论上，如果支出完全来自低收入群体，则财政政策完全无效，当然这不可能在现实社会中出现。

在凯恩斯主义的财政政策中，虽然承认财政支出来源于税收或货币增发，但是没有考虑在利用税收或增发货币来进行支出时，谁是税收或铸币税的承担主体，因此财政支出的效果并不能确定。另外，在政府支出时，考虑到由于政府支出而引起的“挤出效应”，如果政府投资的领域是在私人经济涉足的领域，则在需求一定的情况下，其“挤出效应”比较显著，政府增加私人领域投资，私人企业必然减少投资；如果是私人不愿涉足的公共产品领域或私人力量无法投资的大型工程领域，则不存在“挤出效应”，将从总体上增加社会有效需求。

三、借贷消费

如果高收入群体的需求在商品和劳务上都达到饱和，政府的公共支出达到一定限度、超过高收入群体对公共产品的需求，高收入群体也会抵制征收自己的收入对公共支出的进一步增加，表现为会抵制政府的税收征收增加，因此，公共支出不能无限制增长。在这种前提下，如果能给高收入群体一定的利息，进行借贷支出，仍然可以增加有效需求。

借贷可以分为两种：一种是政府借贷，另一种是通过金融机构向低收入群体的消费信贷。如果 T 为定量税，DE_G 为政府负债（debt of government），DE_P 为低收入群体负债消费（debt of poorman），假设政府进行平衡预算，即 $T=G$，短期来看，有下式成立：

$$y=\underbrace{D_r+C_s}_{\text{高收入群体的消费}}+\underbrace{\alpha(y-T)+C_s}_{\text{低收入群体的消费}}+\underbrace{G}_{\text{政府支出}}+\underbrace{\mathrm{DE}_G}_{\text{国债消费或投资}}+\underbrace{\mathrm{DE}_P}_{\text{信贷消费}}$$

$$y=\frac{D_r+2C_s+(1-\alpha)G+\mathrm{DE}_G+\mathrm{DE}_P}{1-\alpha} \tag{3.8}$$

在式（3.8）中，政府借贷是用来进行政府支出，政府卖出国债来增加政府支出，会有一个大小为$1/\beta$的乘数效应。消费信贷的借方主体是低收入群体，低收入群体消费的增加同样具有$1/\beta$的乘数效果。

值得说明的是，在借贷消费过程中，对消费信贷而言，以转型国家为例，如果转型经济不能成功地由劳动力过剩阶段过渡到劳动力短缺阶段，低收入群体的工资水平没有上升或上升的幅度很小，由于利息的付出，最终反而会增加贫富差距，减少低收入群体的有效需求，从而降低国民收入水平。而且，如果由于某种意外冲击，作为贷方的高收入群体要求对信用借贷集中清偿，还会使低收入群体的利益进一步受损。一般来讲，低收入群体借贷消费的抵押物为既是资产又是生活必需品的住房，借贷的集中清偿变卖将会使这类资产价格超跌，产生投机空间，给持有资本的高收入群体带来投机收益，从而进一步加大贫富差距，减少有效需求。如果厂商在生产过程中也有大量的借贷投资，在资产的连锁清偿过程中，甚至可能会带来整个社会的经济危机。作为政府借贷，如果借贷超过一定的限度，可能会引起债券发行困难、财政支出削减，同样会降低社会有效需求，有时甚至造成所谓的政府破产。

四、发展对外贸易

国家和国家之间由于民俗、资源、气候、技术水平的不同，生产的商品和劳务存在差异，进行国际贸易可以增加消费品的种类。根据边际效用递减规律，一定期限内消费者的消费之所以达到饱和，是因为同一种产品的消费量连续增加时，边际效用逐步递减，直至由正转负。如果产品的种类增加，这些增加的产品种类在一定的数量范围内，将增加消费者的总效用，可以增加高收入群体的饱和消费水平，提高社会总需求。由此可见，发展国际贸易的好处，不仅仅只是在生产供给上由于分工带来生产效率提高的好处，还可以在需求上增加有效需求。

考虑国际贸易后，现在国民收入决定式变成了四部门经济，即消费、投资、政府收支和进出口，有

$$y=\underbrace{D_r+D_{rF}+C_s}_{\text{高收入群体的消费}}+\underbrace{\alpha(y-T)+C_s}_{\text{低收入群体的消费}}+\underbrace{G}_{\text{政府支出}}+\underbrace{\mathrm{DE}_G}_{\text{国债消费或投资}}+\underbrace{\mathrm{DE}_P}_{\text{信贷消费}}+\underbrace{X-M}_{\text{净出口}}$$

式中，D_{rF}为因对外贸易增加的饱和消费数量；$X-M$为净出口。政府负债单独列出后，有$T=G$，得到均衡国民收入的计算公式为

$$y=\frac{D_r+D_{rF}+2C_s+(1-\alpha)G+\mathrm{DE}_G+\mathrm{DE}_P+(X-M)}{1-\alpha} \tag{3.9}$$

式中，$X-M$为净出口。因为当今货币都是信用货币，不是金银等硬通货，可以认为美元等资产是国外的借贷消费DE_F，式（3.9）可改写为

$$y = \frac{D_r + D_{rF} + 2C_s + (1-\alpha)G + \mathrm{DE}_G + \mathrm{DE}_P + \mathrm{DE}_F}{1-\alpha} \quad (3.10)$$

式中，DE_G 为政府借贷；DE_P 为低收入者借贷；DE_F 为国外借贷。

五、科技创新

这里把科技创新分为两个类别：一是效益型创新，是指同样的产出但是只需更少的投入这样的发明或创造；二是消费品种类创新，主要是指用过去没有的新材料、新方法、新工艺制造出过去没有的消费品。

（一）效益型创新

这里继续通过上面假设的生产函数形式来说明技术变革对经济的影响。假设生产函数为里昂惕夫生产函数：

$$y = f(K,L), \quad y = mK, \quad L = \rho K \quad (3.11)$$

式中，ρ 为一单位资本需要的劳动数量。假设 w 为单位过剩劳动力条件下保持固定的劳动力工资，则 K 单位的资本投入带来的利润量为 $mK - w\rho K$，利润率为 $m - w\rho$。在发生效益型创新后，表现为 m 的增加或 ρ 的减小。前者表示单位资本有更大的产出，后者表示单位资本只需要更少的劳动力投入，即为劳动力节约型创新。由式（3.11）可以知道，只要是效益型创新，不管是单位资本产出的增加还是劳动力的节约，都会增大资本的收益率。

资本的收益率增加，等量的资本可以得到更多的利润，厂商在利润的驱使下，会争先恐后地进行设备更新投资，这时，对原先投入的资本而言，会产生一个折旧（精神折旧），设折旧率为 δ，则有效需求增加 δK，因此式（3.11）变为

$$y = \underbrace{D_r + D_{rF} + C_s}_{\text{高收入群体的消费}} + \underbrace{\alpha(y-T) + C_s}_{\text{低收入群体的消费}} + \underbrace{G}_{\text{政府支出}} + \underbrace{\mathrm{DE}_G}_{\text{国债消费或投资}} + \underbrace{\mathrm{DE}_P}_{\text{信贷消费}} + \underbrace{\mathrm{DE}_F}_{\text{国外借贷消费}} + \underbrace{\delta K}_{\text{重置投资}} \quad (3.12)$$

在式（3.12）中，根据里昂惕夫生产函数假设有 $y = mK$，代入式（3.12）可得

$$y = \frac{D_r + D_{rF} + 2C_s + (1-\alpha)G + \mathrm{DE}_G + \mathrm{DE}_P + \mathrm{DE}_F}{\beta - \delta/m}$$

效益型创新产生以后，新设备制造业以及和该制造业相关的产业会得到蓬勃发展，虽然被淘汰的设备制造业会萎缩，但由于老设备只是弥补重置投资，萎缩的投资量和工人就业量一般都不及增加的投资量和就业量，因此投资量和工人就业量大量增加。与此同时，低收入群体在经济高涨期间，收入和消费得以增加，共同推动经济走向繁荣。

这里需要注意的是，效益型创新增加的是替换原设备的投资需求，并不改变

最终的消费需求。在经济的增长过程中，一旦对原来的设备更新完毕，经济的拉动过程也即告结束，因为投资只是一种引致需求。效益型创新带来的设备更新换代一旦结束，由于效益型创新是同样产出水平下只需要更少的资本或劳动，如果是资本节约型，在里昂惕夫生产函数假设下，需要的资本变少，由于资本和劳动的固定比例关系，所需要的劳动力就会变少；如果是同样产出所需的资本不减少，效益型创新就只有另一个可能，就是所需的劳动力减少，这样就会直接减少劳动力的需求。不管是哪一种情况，最终都会带来劳动力需求的减少。劳动力需求的减少一方面直接带来了劳动分配份额的降低，另一方面，由于劳动力供给增加、劳动力需求减少，会进一步降低劳动工资水平。

所以，发生效益型创新，在初期会对社会经济形成强有力的冲击，人们在争相进行设备更新换代时，会对经济有直接和间接的带动效应；但在长期，由于资本对劳动的替代效应，反而会降低有效需求。

（二）消费品种类创新

回到前面的消费者效用函数：

$$\max u(x)$$
$$\text{s.t.} \begin{cases} \sum_{i=1}^{n} p_i x_i \leqslant m \\ x_i > 0 \end{cases} \tag{3.13}$$

在消费者收入约束式 $p_1x_1 + p_2x_2 + \cdots + p_nx_n = \sum_{i=1}^{n} p_ix_i \leqslant m$ 中，如果不等式右边的收入m足够大，在餍足性假设下，效用函数的最大值将会在约束边界内取得，此时使消费者总效用最大的各种消费品数量满足：

$$\frac{\mathrm{d}u}{\mathrm{d}x_i} = 0 \quad (i = 1, 2, \cdots, n)$$

如果再增加已有消费品的消费数量，根据餍足性假设下的边际效用递减规律，效用反而会减少。但是如果能够增加商品种类，如出现新的 x_{i+1}、x_{i+2}……这时将能够增加收入约束不起作用的高收入群体的总效用水平。消费是人类生产的最终目的，从上面的分析可以知道，消费品种类的增多，对高收入群体来说，可以提升饱和效用水平。因为对高收入群体来说，不用考虑收入对消费的约束，但已经存在的消费品由于边际效用递减规律，数量的增加并不能提升其效用水平，导致消费饱和。如果出现新的消费品，将会增加消费品组合的维度，增加的消费使国民收入中的 D_r 增大。

对于低收入群体来说，情况和高收入群体不一样。因为制约低收入群体消费的是收入约束，是在收入的边界上而不是边界以内取得。新产品出现以后，低收入消费者可能会根据自己的偏好调整消费品种类和数量的组合，但是总的消费量仍然在数值上等于其收入水平。

从生产方面来讲，高收入群体在消费上绝对数字的增加，会增加生产新消费品的要素使用量，从而带来资本投入量的增加。这时有效需求决定的国民收入公式为

$$y = D_r + D_{\text{new}} + D_{rF} + C_s + (y - T) + C_s + T + \text{DE}_G + \text{DE}_P + (X - M) + \delta K + \Delta K$$

式中，D_{new} 为高收入群体因为产品创新而增加的消费；ΔK 为因高收入群体对新产品的需求而增加的投资需求。

六、道德约束的放松

荷兰人伯纳德·曼德维尔在其著作《蜜蜂的寓言：私人的恶德，公众的利益》中把人类社会比喻为一个蜂巢，在这个蜜蜂的国度里，通常被认为的恶行（如虚荣、享乐、嫉妒、好色等）在每只蜜蜂身上都表露无遗。这个时候，整个蜂巢呈现出一派繁荣的景象。后来，邪恶的蜜蜂突然觉悟了，但令人惊异的是，昔日繁忙的情景变得渺无人迹，各行业不再有人订货，整个社会一片萧条。

在中国的传统文化里，生活简朴、勤俭节约历来是中华民族的传统美德，骄淫奢侈、铺张浪费一直是当作贬义词在使用，这即是前面的效用函数约束式中的道德约束。然而，在自由市场经济中，一定条件下，却正如荷兰人伯纳德·曼德维尔描述的那样，假如拥有高收入的人都惜钱如命、勤俭节约而不消费，社会经济将难以发展。打一个极端的比方，如果所有的有钱人都只是吃饱肚子而不消费其他消费品，商品市场上将只有和农产品有关联的商品存在，在一个农业劳动生产率水平很高的社会，因为农业生产率高，只需要少量的农业从业人员就能满足社会的农产品近似刚性的需要，很多其他行业的人将失去现有工作。可见，在生产力水平充分发达的现代市场经济社会，在有效需求不足的前提条件下，放松对消费上的道德约束，鼓励有钱人消费，转变过去一味崇尚勤俭节约的传统看法和观点，使高收入群体的高消费不受传统道义的谴责，可以增加社会的有效需求。

2020 年初发生的新冠肺炎疫情是对所有人如果只有吃饭睡觉基本生活需求情景的真实再现，由于疫情防控需要，需要绝大部分人员待在家中以减少交叉感染的机会，这时除了吃饭睡觉的需求以外，几乎没有其他消费，结果 2020 年一季度中国的 GDP 同比下降 6.8%，世界上基本所有经济体都未能幸免。

值得指出的是，通过鼓励消费来增加国民产出需要在一定条件下才能达到目的，从前面的分析可以知道，鼓励消费必须在一定条件下才能有积极的效果。如果高收入群体还没有达到饱和消费，还处在生产能力相对需求不足的时候，高收

入群体增加消费必然减少投资，影响生产规模的扩大，降低经济增长率。但在持有资本的高收入群体达到饱和消费以后，如果对某些传统文化道德上受谴责的消费现象予以放行，使高收入群体为了增加这些消费取得收入，就会扩大生产，带动劳动者就业，让劳动者也增加收入，提高生活水平。

七、破窗效应

“设财政部以旧瓶装满钞票，然后以此旧瓶，选择适宜深度，埋于废弃不用的煤矿中，再用垃圾把煤矿塞满，然后把产钞区域之开采权租与私人，出租以后，即不再问闻，让私人企业把这些钞票再挖出来，——如果能够这样办，失业问题就没有了；而且影响所及，社会之真实所得与资本财富，大概要比现在大许多，当然大兴土木要比较合理些，但设有政治上或实际上困难，使政府不能从事于此，则以上所提对策，也聊胜于无。”这是凯恩斯在《通论》中论述在有效需求不足时，主张政府应该干预经济的内容。在微观经济学中，有一个选择生产大炮还是面包的经典教学案例，用来讲述厂商的生产选择问题，但在生产能力过剩由需求决定的经济中，并不是因为生产了大炮就没有了面包，劳动者反而是因为生产了大炮才有了面包，这在过去工业革命后的历届战争事实中已经得到了经验性验证。凯恩斯主义建立在乘数效应基础之上的“破窗理论”“灾害效益”“战争拉动需求”等理论，大意都是理发店的玻璃被打破了，或者是发生了灾害，却由此带动了一系列的消费和就业。根据上面的分析，“破窗”或“灾害”只有产生在高收入群体上，才会产生相应的乘数效应；如果发生在低收入群体，只是把本来就要消费的收入从一种用途转为另一种用途，并不会增加消费总量，因此不会增加国民总产出。

第二节　改善收入分配

在产能过剩有效需求不足的状况下，为使分析简单易懂，假设只有高、低两个收入群体，在只考虑消费和投资的两部门经济中国民收入的决定式为

$$y_{(t)}=\frac{D_r+\delta K}{\beta} \tag{3.14}$$

从式（3.14）可知，改善收入分配减少分母也不失为一个办法，按照现代西方经济学的收入分配理论，每个要素在生产中按照其边际贡献取得各自的收入，人为地改变这种收入分配会造成效率的损失，但是在生产能力过剩、有效需求不足的情况下，这时已经不是效率带来的问题，“效率”给“公平”让步，反而能取

得更好的宏观效果。

举例说明如下：假定在某生产函数之下，由于某种原因，外部出口市场突然萎缩，使这时的生产能力远远大于有效需求，再假设高收入群体在国民收入中所占的份额为75%，高收入群体的消费为20万亿元，稳态时资本存量为400万亿元，折旧率为20%。那么，国民收入为

$$y_{(t)}=\frac{D_r+\delta K}{\beta}=\frac{20+20\%\times400}{0.75}=133.33（万亿元）$$

在这个稳态生产过程中，低收入群体在为高收入群体生产20万亿元消费品以及80万亿元重置投资中，自己得到33万亿元的工资用于消费。

如果达到饱和消费的高收入群体收入份额从0.75下降到0.5，其他不变，国民收入将上升为

$$y_{(t)}=\frac{D_r+\delta K}{\beta}=\frac{20+20\%\times400}{0.5}=200（万亿元）$$

收入全部用于消费的低收入群体收入份额从0.25提高到0.5，国民收入将由133.33万亿元上升到200万亿元。其中，收入全部用于消费的低收入群体在为高收入群体生产20万亿元消费品和80万亿元重置投资的过程中将得到100万亿元工资收入用于消费。

现在来看高收入群体降低收入分配份额对国民收入影响的灵敏度。

对 $y_{(\Delta K=0)}=\dfrac{D_r+\delta K}{\beta}$ 中 χ 求导，得

$$y'_{(\Delta K=0)}=\frac{D_r+\delta K}{\beta^2}$$

则改变高收入群体分配份额对国民总产出的点弹性值为

$$y'_{(\Delta K=0)}=-\frac{D_r+\delta K}{\beta^2}\cdot\frac{\chi}{y_{(\Delta K=0)}}=-1 \tag{3.15}$$

式（3.15）中的负号表示国民收入与高收入群体的分配份额变化方向相反，高收入群体分配比例提高，国民总产出降低；高收入群体分配份额降低，国民总产出增加。高收入群体收入分配份额下降1%，则国民均衡收入在原来的基数上增加1%。举例如下：假设表达式中饱和需求与投资为15万亿元，χ 值的大小为0.75，此时国民总产出为20万亿元。如果高收入群体分配比例下降1%，即由75%下降到74%，国民总产出将大约增加1%（20×1%=0.2万亿元），由原来的20万亿元上升到20.2万亿元。

从上面的分析可以看到，在高收入群体消费已经达到饱和、低收入群体还没达到自发消费的两极分化社会中，随着高收入群体在国民收入中收入所占比例的

降低，国民收入均衡产出水平升高，但这并不意味着仅仅依靠降低高收入群体收入份额就能无限增加国民收入，因为国民收入由分配系数参与决定的条件是生产能力大于有效需求、有效需求不足。例如，在上面的例子中，如果高收入群体的收入份额下降到 10%，国民收入岂不是超过了 1 000 万亿元？实际上，随着 β 值的降低，有效需求上升到等于生产能力时，这时的国民收入决定式发生翻转，变成由生产能力来决定了。

在市场经济条件下，改善收入分配只能通过财政政策或货币政策来实施。在财政政策中，税收是一种常见的方式，通过向高收入群体征税、向低收入群体进行转移支付，由于低收入群体的消费倾向比高收入群体高，能有效提高整个社会的消费需求。另外，通过向高收入群体的征税来完善社会保障制度，使大家的预防性储蓄减少，也是一个扩大有效需求的手段。在没有社会保障时，中低收入阶层不得不因防止意外事件如失业、生病等而存有一定储蓄，虽然发生这些不幸事件的概率很低，期望损失并不大，个体单独自行进行保障，却不能依据期望损失值来决定储蓄大小，而是根据发生这个小概率事件时的损失值来进行储蓄。如果由政府来构建社会保障体系，理论上只要依据小得多的期望值进行预防储蓄，效率比单个家庭要高得多。

在有效需求不足时，在土地资源有限的情况下，除了税收以外，提升农产品的相对价格是一个有效改善收入分配的办法。提高农产品的相对价格会使农业剩余劳动人口进入工业部门的机会成本增加，使劳-资分配中的劳动分配比例提高而改善收入分配状况。同样，提高最低社会保障也会提高劳动者的机会成本，使劳动者在生产活动中要求的工资上升，从而提高低收入群体在国民收入中的分配比例。值得注意的是，政策性改善收入分配的前提一定是总供给大于总需求、总需求不足，如果这个前提条件不满足，不存在有效需求不足，则通过向高收入群体征税转移给低收入群体消费，虽然最终的均衡国民收入水平会提高，但将以牺牲增长速度为代价。

第三节　收入分配与人均收入的相关性检验

本节主要从数据上检验第二节中收入分配影响一个国家的人均收入水平，即收入分配差距和国家人均收入二者之间呈负向关系：收入分配差距大的国家，人均收入低；收入水平高的国家，其收入分配差距小。

本次研究未将 2020 年的数据纳入样本，是因为疫情的影响会带来如下两个问题：一是数据缺失问题，许多国家缺失 2020 年的宏观经济统计数据；二是即使有

2020 年的数据，也同前几年有着较大的差异，这种差异是因为疫情这种偶然性因素造成的，不具有一般性。

从等式 $y_d = \frac{d_r + \delta K + I_{net}}{\beta}$ 中可以看到，一个国家的国民收入与高收入群体饱和需求、投资、高收入群体在国民收入中的份额之和成反比。这里在进行实证研究时，由于样本国家的高收入群体饱和消费数据无法获得，因此，无法使用回归方法来进行检验和确定收入差距和人均收入水平二者之间的定性和定量关系。同时，这里实证检验的主要目的是考察收入分配对国民收入的影响。考虑到收入分配份额在一定时期内是一个比较稳定的变量，因此如果采用时间序列数据来考察国民收入与分配份额的关系则要求数据时间跨度较长，而在较长时间跨度内往往会受到技术创新的影响，所以不宜采用时间序列数据或综列数据来进行上面结论的验证。鉴于此，在这里选取截面数据来进行验证。

考虑到数据的可得性，以及基尼系数同高收入群体在收入分配中所占份额有密切的相关关系（基尼系数高的国家，其高收入群体在收入分配中的所得比例份额也大），使用各个国家的基尼系数作为替代变量。在有效需求中，按照理论假设，高收入群体的消费对收入没有敏感性，这样有效需求的变化主要取决于投资。具体数据依据 2020 年世界银行公布的时间序列基尼系数，每年公布其基尼系数的国家数量并不一样，具体年份和公布了国家基尼系数的国家数量见表 3.1。

表 3.1　近年来公布基尼系数的国家数量

年份	2013	2014	2015	2016	2017	2018	2019	2020
公布基尼系数的国家数量/个	77	83	82	81	73	65	23	0

资料来源：2020 年世界银行、国际货币基金组织、中国国家统计局统计资料。

从表 3.1 中可见，2013—2019 年，公布基尼系数的国家最多的年份是 2014 年，有 84 个国家。这里考虑到基尼系数在各个年份之间变化不大，同时考虑到统计检验的目的，需要尽可能多的样本来检验二者之间是否在统计上满足这种一般规律性，将近 10 年内公布了基尼系数的国家都纳入样本，具体处理方法如下：将 2010—2019 年的基尼系数均值作为该国的基尼系数，这样，即使这 10 年间只公布 1 次数据，也能将其纳入样本。这样处理以后，总共纳入样本的国家数量为 152 个。

由于只有部分国家的数据，这里只是一个总体中的一部分样本，同时，国家的收入水平在国民收入决定式中是由包括饱和消费值等多种因素决定的，而饱和消费值在每个国家的统计数据中无法得到，因此这里将采用独立性检验，将国家按照世界银行的划分标准分为高收入国家、中高收入国家、中低收入国家、低收入国家四种类型，将收入分配按照基尼系数分为收入差距大、收入差距适中、收入差距小三种类型。具体划分标准为：将基尼系数低于 0.4 的划分到收入差距小的组，将基尼系数为 0.4～0.5 的划分到收入差距适中的组，将基尼系数大于 0.5 的划分到收入差距大的组。

收入差距大的国家有安哥拉、巴西、博茨瓦纳、哥伦比亚、几内亚比绍共和国、洪都拉斯、圣卢西亚、莫桑比克、纳米比亚、巴拿马、斯威士兰、南非、赞比亚。

收入差距适中的国家有阿根廷、贝宁、玻利维亚、智利、中国、科特迪瓦、喀麦隆、刚果（金）、刚果（布）、科摩罗、佛得角、哥斯达黎加、吉布提、多米尼加共和国、厄瓜多尔、密克罗尼西亚联邦、加纳、危地马拉、海地、以色列、肯尼亚、莱索托、马达加斯加、墨西哥、马拉维、马来西亚、尼加拉瓜、秘鲁、菲律宾、巴拉圭、卢旺达、塞内加尔、萨尔瓦多、南苏丹、圣多美和普林西比、乍得、多哥、土耳其、乌干达、乌拉圭、美国、津巴布韦。

收入差距小的国家有阿尔巴尼亚、阿拉伯联合酋长国、亚美尼亚、澳大利亚、奥地利、布隆迪、比利时、布基纳法索、孟加拉国、保加利亚、波斯尼亚和黑塞哥维那、白俄罗斯、不丹、加拿大、瑞士、塞浦路斯、捷克共和国、德国、丹麦、阿尔及利亚、阿拉伯埃及共和国、西班牙、爱沙尼亚、埃塞俄比亚、芬兰、斐济、法国、加蓬、英国、格鲁吉亚、几内亚、冈比亚、希腊、克罗地亚、匈牙利、印度尼西亚、印度、爱尔兰、伊朗伊斯兰共和国、伊拉克、冰岛、意大利、约旦、日本、哈萨克斯坦、吉尔吉斯斯坦、大韩民国、老挝、黎巴嫩、利比里亚、斯里兰卡、立陶宛、卢森堡、拉脱维亚、摩洛哥、摩尔多瓦、马尔代夫、北马其顿、马耳他、缅甸、黑山、蒙古、毛里塔尼亚、毛里求斯、尼日尔、尼日利亚、荷兰、挪威、尼泊尔、瑙鲁、巴基斯坦、波兰、葡萄牙、巴勒斯坦、罗马尼亚、俄罗斯联邦、苏丹、所罗门群岛、塞拉利昂、索马里、塞尔维亚、斯洛伐克共和国、斯洛文尼亚、瑞典、塞舌尔、泰国、塔吉克斯坦、东帝汶、汤加、突尼斯、图瓦卢、坦桑尼亚、乌克兰、越南、瓦努阿图、萨摩亚、也门共和国。

其中，收入差距大的国家有 13 个，收入差距适中的国家有 42 个，收入差距小的国家有 97 个。

高收入国家有阿拉伯联合酋长国、澳大利亚、奥地利、比利时、加拿大、瑞士、智利、塞浦路斯、捷克共和国、德国、丹麦、西班牙、爱沙尼亚、芬兰、法国、英国、希腊、克罗地亚、匈牙利、爱尔兰、冰岛、以色列、意大利、日本、大韩民国、立陶宛、卢森堡、拉脱维亚、马耳他、荷兰、挪威、瑙鲁、波兰、葡萄牙、斯洛伐克共和国、斯洛文尼亚、瑞典、塞舌尔、乌拉圭、美国。

中高收入国家有阿尔巴尼亚、阿根廷、亚美尼亚、保加利亚、波斯尼亚和黑塞哥维那、白俄罗斯、巴西、博茨瓦纳、中国、哥伦比亚、哥斯达黎加、多米尼加共和国、厄瓜多尔、斐济、加蓬、格鲁吉亚、危地马拉、伊拉克、约旦、哈萨克斯坦、黎巴嫩、圣卢西亚、摩尔多瓦、马尔代夫、墨西哥、北马其顿、黑山、毛里求斯、马来西亚、纳米比亚、巴拿马、秘鲁、巴拉圭、罗马尼亚、俄罗斯联邦、塞尔维亚、泰国、汤加、土耳其、图瓦卢、南非。

中低收入国家有安哥拉、贝宁、孟加拉国、玻利维亚、不丹、科特迪瓦、喀麦隆、刚果（布）、科摩罗、佛得角、吉布提、阿尔及利亚、阿拉伯埃及共和国、密克罗尼西亚联邦、加纳、洪都拉斯、海地、印度尼西亚、印度、伊朗伊斯兰共和国、肯尼亚、吉尔吉斯斯坦、老挝、斯里兰卡、莱索托、摩洛哥、缅甸、蒙古、毛里塔尼亚、尼日利亚、尼加拉瓜、尼泊尔、巴基斯坦、菲律宾、巴勒斯坦、塞内加尔、所罗门群岛、萨尔瓦多、圣多美和普林西比、斯威士兰、塔吉克斯坦、东帝汶、突尼斯、坦桑尼亚、乌克兰、越南、瓦努阿图、萨摩亚、赞比亚、津巴布韦。

低收入国家有布隆迪、布基纳法索、刚果（金）、埃塞俄比亚、几内亚、冈比亚、几内亚比绍共和国、利比里亚、马达加斯加、莫桑比克、马拉维、尼日尔、卢旺达、苏丹、塞拉利昂、索马里、南苏丹、乍得、多哥、乌干达、也门共和国。

其中，高收入国家有 40 个，中高收入国家有 41 个，中低收入国家有 50 个，低收入国家有 21 个。

统计结果如表 3.2 所示。

表 3.2 根据收入水平和收入差距分类统计 （单位：个）

	高收入国家	中高收入国家	中低收入国家	低收入国家	合计
收入差距大的国家	0	7	4	2	13
收入差距适中的国家	4	11	19	8	42
收入差距小的国家	36	23	27	11	97
合计	40	41	50	21	152

其中：

收入差距大的国家中的高收入国家数量为零。

收入差距大的国家中的中高收入国家有巴西、博茨瓦纳、哥伦比亚、圣卢西亚、纳米比亚、巴拿马、南非。

收入差距大的国家中的中低收入国家有安哥拉、洪都拉斯、斯威士兰、赞比亚。

收入差距大的国家中的低收入国家有几内亚比绍共和国、莫桑比克。

收入差距适中的国家中的高收入国家有智利、以色列、乌拉圭、美国。

收入差距适中的国家中的中高收入国家有阿根廷、中国、哥斯达黎加、多米尼加共和国、厄瓜多尔、危地马拉、墨西哥、马来西亚、秘鲁、巴拉圭、土耳其。

收入差距适中的国家中的中低等收入国家有贝宁、玻利维亚、科特迪瓦、喀麦隆、刚果（布）、科摩罗、佛得角、吉布提、密克罗尼西亚联邦、加纳、海地、肯尼亚、莱索托、尼加拉瓜、菲律宾、塞内加尔、萨尔瓦多、圣多美和普林西比、津巴布韦。

收入差距适中的国家中的低收入国家有刚果（金）、马达加斯加、马拉维、卢旺达、南苏丹、乍得、多哥、乌干达。

收入差距小的国家中的高收入国家有阿拉伯联合酋长国、澳大利亚、奥地利、比利时、加拿大、瑞士、塞浦路斯、捷克共和国、德国、丹麦、西班牙、爱沙尼亚、芬兰、法国、英国、希腊、克罗地亚、匈牙利、爱尔兰、冰岛、意大利、日本、大韩民国、立陶宛、卢森堡、拉脱维亚、马耳他、荷兰、挪威、瑙鲁、波兰、葡萄牙、斯洛伐克共和国、斯洛文尼亚、瑞典、塞舌尔。

收入差距小的国家中的中高收入国家有阿尔巴尼亚、亚美尼亚、保加利亚、波斯尼亚和黑塞哥维那、白俄罗斯、斐济、加蓬、格鲁吉亚、伊拉克、约旦、哈萨克斯坦、黎巴嫩、摩尔多瓦、马尔代夫、北马其顿、黑山、毛里求斯、罗马尼亚、俄罗斯联邦、塞尔维亚、泰国、汤加、图瓦卢。

收入差距小的国家中的中低收入国家有孟加拉国、不丹、阿尔及利亚、阿拉伯埃及共和国、印度尼西亚、印度、伊朗伊斯兰共和国、吉尔吉斯斯坦、老挝、斯里兰卡、摩洛哥、缅甸、蒙古、毛里塔尼亚、尼日利亚、尼泊尔、巴基斯坦、巴勒斯坦、所罗门群岛、塔吉克斯坦、东帝汶、突尼斯、坦桑尼亚、乌克兰、越南、瓦努阿图、萨摩亚。

收入差距小的国家中的低收入国家有布隆迪、布基纳法索、埃塞俄比亚、几内亚、冈比亚、利比里亚、尼日尔、苏丹、塞拉利昂、索马里、也门共和国。

根据数据分类性质，为检验收入差距和收入水平之间是否存在关联，采用独立性检验方法，该方法是检验两个分类变量是否存在联系的一种检验。

假设：

H_0：收入水平的高低和收入差距大小之间是独立、没有关联的。

H_1：收入水平的高低和收入差距大小之间不独立，是相互关联的。

令：A=国家来自人均收入等级的事件

B=国家属于收入差距等级的事件

这里分析的关键是获得期望值，如果这两个事件是独立的，根据独立性的概率乘法公式，有

$$P=P(\mathrm{AB})=P(\mathrm{A})P(\mathrm{B})$$

得到期望矩阵，如表 3.3 所示。

表 3.3　根据收入水平和收入差距期望分类结果

	高收入国家	中高收入国家	中低收入国家	低收入国家	合计
收入差距大的国家	3.42	3.51	4.28	1.80	13
收入差距适中的国家	11.05	11.33	13.82	5.80	42
收入差距小的国家	25.53	26.16	31.91	13.40	97
合计	40	41	50	21	152

计算得到

$$\chi^2=\sum\frac{(f_o-f_e)^2}{f_e}=20.075\ 1$$

$$\chi^2\text{的自由度}=(R-1)(C-1)=6$$

分别令 $\alpha=0.10$，$\alpha=0.05$，$\alpha=0.01$，查表知：$\chi^2 0.10(6)=10.644\ 6$，$\chi^2 0.05(6)=12.591\ 6$，$\chi^2 0.01(6)=16.811\ 9$。

可见，即使在 0.01 的显著性水平上，都有 $\chi^2>\chi^2 0.01(6)$，拒绝了原假设 H_0，接收 H_1，即收入水平的高低和收入差距大小之间不独立，是相互关联的。

上面的独立性检验只能检验出这两个指标之间存在联系，从定性层面来说，存在联系可能是正向关系，也可能是负向关系。下面将分别通过二者之间相关系数检验来确定二者之间究竟是正向关系还是负向关系。

图 3.1 是纳入样本的 152 个国家人均 GDP 与基尼系数的散点图。在基尼系数超过 0.5 的国家中，只有巴拿马一个国家的人均 GDP 超过 1 万美元，达到 12 512 美元；在基尼系数为 0.4～0.5 的国家中，只有美国、以色列两个国家的人均 GDP

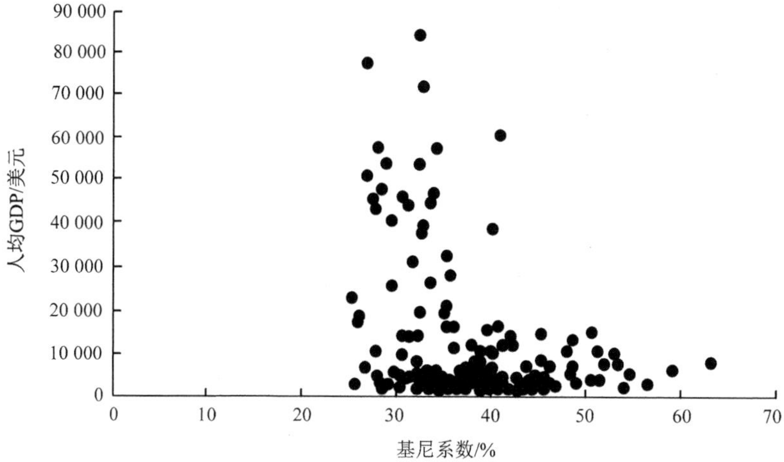

图 3.1　人均 GDP 与基尼系数散点示意图

超过 20 000 美元，分别为 57 977 美元、35 739 美元，人均收入超过 70 000 美元的，只有瑞士、挪威、卢森堡三个国家，其人均 GDP 分别为 83 608 美元、77 534 美元、72 960 美元，基尼系数分别为 32.44%、26.82%、32.88%（数值为 2011—2019 年十年平均值）；从基尼系数低的国家来看，其人均 GDP 有高有低。这从统计规律上表明：基尼系数低是人均 GDP 高的必要但非充分条件。

对这 152 个国家的收入水平人均 GDP 和反映收入差距的基尼系数二者之间求相关系数，其相关系数值如表 3.4 所示。

表 3.4　收入差距基尼系数和收入水平人均 GDP 相关关系

	基尼系数	人均 GDP
基尼系数	1	−0.372 3
人均 GDP	−0.372 3	1

在度量一个国家的收入差距时，世界银行还公布了最高收入 10%占收入份额的比例，从数值上看，其与人均 GDP 之间也呈现负向关系，具体数值如表 3.5 所示。

表 3.5　最高收入 10%占收入份额的比例与人均 GDP 二者之间的相关系数

	人均 GDP	最高收入 10%
人均 GDP	1	−0.396 0
最高收入 10%	−0.396 0	1

第四节　供需调节示意图

鉴于本章前面三节的分析，可以将有效需求不足前提下宏观经济总供给和总需求调整用图 3.2 来表示。

图 3.2 是一个有效需求不足条件下宏观经济的调控示意图，表示从需求层面来看社会经济的运行情况。在示意图中菱形框表示判断，方形框为描述。在经济运行过程中，首先遇到的判断是最上面的一个菱形框：社会经济是否产生有效需求不足。如果回答为否（N），只要经济的供给层面有增长动力，净利润大于 0，社会净投资将增加，经济将继续增长；如果这个有效需求是否不足的判断回答为是（Y），将顺着 Y 箭头所指的方向向下，下面的多种扩大有效需求的措施只要有任意一个产生，就会使总需求上升，使经济进入下一个循环；如果所有的措施都没有实施，供给将自行减少，直到调整到和现有需求相一致的水平进入下一个循

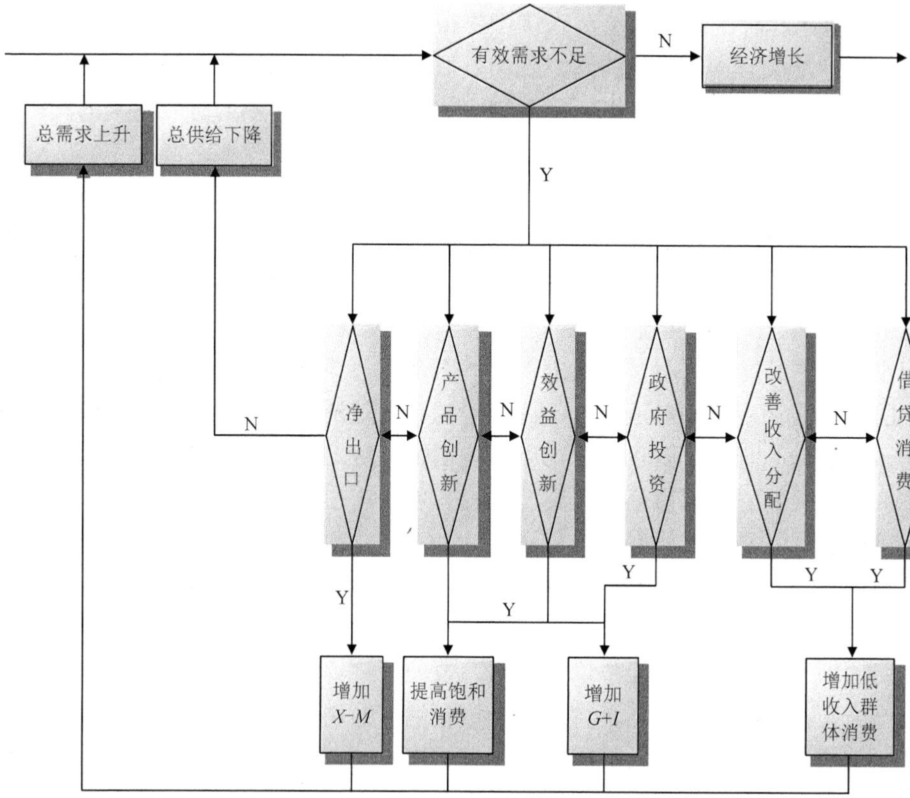

图 3.2　总供给、总需求调整示意图

环。在这个调整到供需一致的过程中，也就是经济衰退的过程，如果供给能力超过需求能力达到比较大的程度，如外需突然减少，内需又不能增加，将会给社会经济带来萧条。

以上分析表明，在有效需求不足时能够调节有效需求的措施中，净出口、效益创新和政府投资具有不可持续性，一国的净出口顺差即其他国家的净进口逆差，不可能长期存在；政府投资只能是在公共产品和特大型工程上有效，这些项目的有限性同样使政府投资不具有长期的可持续性；效益型创新的产生只能带来原有设备的精神折旧更新，并不能增加最终消费需求，设备更新一旦完毕，需求的拉动即告结束，因此解决需求不足也不具备可持续性。

在其他的措施中，借贷消费在没有改变收入的情况下，只能在一定的期限和范围内对解决需求问题有效，而且会带来信用风险。借贷消费会增加低收入群体的利息付出，虽然解决了当期的需求不足问题，但导致未来需求不足的问题更严重；同时消费信贷的规模过大会产生信用风险，一旦在某种意外扰动下使信贷产生危机，金融杠杆的逆过程会对经济产生很大的负面影响。为了增加有效需求对低收入群体发放信贷，最好的方式应该是低收入群体利用信贷增加人力资本的投资，因为人力的投资会带来将来收益的增加，在增加了当期的有效需求的同时，也因为人力资本投资在未来取得更高的收入增加了将来的有效需求。

还有两种解决有效需求的措施是产品创新和改善收入分配。产品创新是一种理想的应对有效需求不足的办法。新产品的出现会让高收入群体增加对该产品的消费需求，同时带来这种产品的投资需求。只要不断地有新产品出现，需求的问题就可迎刃而解。这种情况下，遇到的问题可能就是供给能力而非需求的问题了，但问题是新产品的创新不是希望出现就能出现的。改善收入分配可以有效增加经济中的有效需求，因为对于低收入群体来说，不是消费的生理需求有限限制了消费需求的增加，而是受到收入的约束不能增加消费。一旦收入增加，消费马上就会增加。在其他的措施都已经采用，又没有创新产生的情况下，改善收入分配不失为避免需求不足的有效办法。

根据前面章节出现高收入群体消费饱和的三种情形（即 *OM*-*NH*、*MN*-*NH*、*OM*-*MN*-*NH* 型），假设在没有货币的实物经济情况下，将会出现高收入群体因为消费达到饱和而最终使经济增长停滞。要使经济继续保持增长，可以采取下面几种措施：由政府出面增加不宜由私人投资的公共消费以及需要大量资金投入的大型工程支出，提倡高收入群体增加传统道德中予以谴责的奢侈消费，鼓励高收入群体的服务消费和低收入群体的借贷消费，扩大对外贸易增加高收入群体可供消费的商品种类，鼓励科技创新增加可供消费的商品种类或促使厂商生产设备的升级换代，甚至对现有财富的破坏性行为都能继续推动社会经济的增长和就业。在信用货币经济中，大家对信用货币的持有，从另外一种角度来看，也就是一种借贷行为，最终转化为国家借债消费或投资、净出口时的国外借贷消费、国内个人借贷消费，或者厂商的借贷投资，这些都能使经济继续增长。

在前面所叙述的七种扩大需求的途径中，服务消费、公共产品消费仍然会受到生理需求约束而使服务消费不可能无限增加，如公共产品中繁华的街道、人工景点等供给过多也会给人带来审美疲劳，消费有限；道德约束的放松也有一个传统底线，如黄赌毒等虽然是消费的无底洞，但会带来其他严重社会问题；基于乘数理论的破窗效应完全是一种财富浪费，可以说是反人类、反社会的行为，更不值得鼓励和提倡；科技创新是效果显著且能有效拉动需求的途径，但是，科技创新特别是重大科技创新，不是说有就能有的，从某种角度而言，创新是一种不可控的偶然事件，增加科研投入并不一定就能有创新出现，只是增加了产生创新的概率。

在这些促进经济增长的途径中，一般认为借贷消费和对外贸易中的净出口是最容易做到的。借贷消费和名义利率有关，只要名义利率足够低，就能激发因收入约束而消费不足的消费者通过借贷提前消费。在对外贸易中，只要有贸易顺差产生了净出口，也就增加了有效需求。如何才能扩大净出口？净出口同一个国家对其他国家的相对价格有关，本国商品相对价格越高，消费者就越会倾向消费他国的产品，从而产生逆差；相对价格越低，本国的净出口就越大。国与国之间的相对价格主要体现在汇率上，因此可以压低汇率使本国货币相对贬值，将汇率维持在低水平上，通过对外贸易来产生顺差使有效需求的问题得到解决。在借贷消费上，通过货币政策把利率压低，确实能起到比较明显的效果，但是随着借贷消费数量的增加，信用风险也在加大，遇到偶然的意外冲击，在不得不提升利率时，大规模借贷消费者的断供行为，由于货币乘数效应的逆过程杠杆效应，可能进一步导致银行破产风险，2008 年美国的次贷危机正是源于这种借贷消费；通过压低汇率，把有效需求寄托在对外贸易中的净出口同样存在着不可持续性，长期的净出口虽然会积累大量的外汇，但由于外汇属于信用货币，同样存在不可控风险，同时一个国家长期坚持出口顺差会导致其他国家因失业问题而滋生贸易障碍，使贸易顺差无法长时期持续。另外，在最终消费需求不足的条件下，没有科技创新情况下的投资，只能是一种“错误”的投资，这样的投资既不能增加生产效率给投资者带来利润，也不能提供新产品增加饱和消费者已经饱和的效用，这样的投资不但不能提高最终国民收入水平，反而在厂商投入之后因为没有市场、没有利润最终出现信用风险。另外，政府的借贷消费或投资同样不能无限制增加，负债过高，甚至会出现政府破产的风险。

第四章 餍足性假设下收入分配与增长的动态分析

前面的分析是针对高收入群体消费达到饱和后，遇到需求不足的问题时如何扩大有效需求来使国民经济继续增长，发挥出社会的潜在产能水平。这些都属于静态分析，没有从经济增长的过程中来分析如何达到某种均衡。另外，前面的分析也只是从需求的角度来讨论问题，没有涉及生产供给方面。同时，在说明有效需求不足时，除了收入分配调整以及新产品创新以外，其他解决需求不足的措施都存在局限性。下面将要讨论的是高收入群体的消费还没有达到饱和时的 $OM-MN$ 型情况。这时的经济没有需求不足的问题，只要生产供给上没有受到限制，经济将持续增长。在增长的过程中，如果收入差距在经济增长的过程中有自行缩小的趋势，就不用担心因为收入分配问题带来的需求不足问题；如果收入差距在经济增长的过程中没有自动缩小的趋势，通过调节哪些变量来使社会经济避免落入两极分化，将是本章要探讨的问题。

第一节 劳动力过剩时的收入分配与增长

一、模型的假设

研究后进追赶型国家的经济发展，所处的外部环境是国外发达国家的生产力水平高于本国。这种情况下，由于技术的外部效应，经济层面的研究需要考虑的不是去进行原发性的创新性内生增长，而是如何把别人已有的成熟技术消化吸收运用到本国，加速改变从传统农业生产方式到工业化大生产方式的自然进化过程。

前面的消费-收入拟合曲线图说明了一个代表个体在收入和消费二者之间的函数关系，随着收入水平的增加，消费水平大致沿着折线 $OM-MN-NH$ 移动。在现实世界中的某一时刻，存在着位于各个收入水平上的许多的个体。在数理模型中，把每个不同收入差别的千千万万个个体分别加入模型中是不可能且没有必要的。前面已经讨论了在高收入群体消费出现饱和的情形，在这里，需要研究的问题是高收入群体还没有出现消费饱和的情形，即曲线图中的 $OM-MN$ 段。此时，没有消费饱和问题，需求的问题暂时不用考虑。

曲线图中的 $OM-MN$ 段存在着两类不同收入水平的代表人群：一类是收入很低、全部收入只能用来消费的群体，位于拟合曲线的 OM 段上的某一点；另一类是收入水平相对较高的群体，该群体收入超过了生存需要，收入中的一部分用来消费，还有一部分通过厂商作为资本进行投资。其中高收入群体的消费-收入关系位于拟合曲线 MN 上的某一点。一般来讲，处于农业国到工业国转型过程中的国家具有 $OM-MN$ 型曲线的特点。下面在经济增长的动态分析中，将以转型国家为例说明转型过程中收入分配同经济增长之间的关系。

在商品经济中，需求只是其中的一个环节，还有生产、分配和交换三个必不可少的环节。在研究转型经济的模型中，假设经济发展始于两部门，一个为农业部门，一个为城市现代工业部门；只有两类一揽子组合产品，一类是由农业生产的农产品，一类是由现代工业部门生产的工业品。因此，国民总产出由现代的工业部门以及农村传统的农业产出构成。在农村有剩余劳动力存在时，农业的投入只有土地和劳动力，农产品的生产函数在只有土地和劳动作为投入要素时，产出由投入要素中的较小值来决定。依据中国转型初期的国情，中国人口众多，不仅现代工业部门的资本稀缺，农村的可耕土地资源也极为有限，总人口的人均耕地面积不到 1.5 亩[①]，农村人口平均耕地面积不足 2.5 亩。可见，农产品的实际产出主要由土地面积决定，农村存在大量的剩余劳动力人口，故生产函数为

$$y_A = \min(\mathrm{Ara}, L) = f(\mathrm{Ara}) = A\gamma$$

式中，Ara 为耕地面积；A 为一个为常量的农业产出；γ 为农产品相对价格。农业产出 A 为刚好满足所有社会人口的刚性需求数量。当存在剩余劳动力人口时，农产品的投入要素为土地和劳动，没有资本。在农业剩余劳动力为 0 后，为保证农业固定的刚性需求数量 A，继续转移劳动力必须用资本对劳动进行替换，也即需要农业工具或农药或其他非劳力投入。

在农业部门的家庭中，在土地相对劳动稀缺的情况下，既可以采取家庭所有劳动力参与的非充分就业方式，也可以由部分劳动力充分就业把余下的劳动力看成是边际产出为 0 的绝对剩余劳动力。设初期边际产出为 0 的农业人口量为 L_U，在一个家庭中，农业劳动人口在一定程度上的减少不影响农业的产出，只是提升了留在农业从事农业劳动的劳动者的就业时间。这里设总人口的农业平均产出为 a，a 正好满足个人对农产品的需求，其计算公式为

① 1 亩≈666.67 米^2。

$$a = \frac{A}{L_E + L_U + L_M}$$

式中，L_E 为农业充分就业需要的人口数；L_U 为农业边际产出为 0 的剩余劳动力数量；L_M 为现代部门持有资本的人口数。

农业的总产出为

$$A = a(L_E + L_U + L_M)$$

农业人口的平均年产出为

$$a_{农} = \frac{a(L_E + L_U + L_M)}{L_E + L_U} = a\left(1 + \frac{L_M}{L_A}\right) = a\frac{L_T}{L_A}$$

为使表达式简单，令 $a\frac{L_T}{L_A} = a'$，农产品的相对价格为 γ，则农业人口在农业上的平均收入为 $a'\gamma$。如果家庭中的部分劳动者来到现代工业部门从事非农业劳动，家庭中由于留在农村从事农业生产的人口从非充分就业向充分就业转化，农业产出不会减少。如果不把闲暇时间看成机会成本，即使在现代工业部门得到的工资非常低（大于劳动力流动成本）也增加了家庭的总收入，从而使家庭中作出到现代工业部门工作的理性决策。但在这里，还是假设农民把闲暇时间看成机会成本，因此从农村来到现代工业部门工作的工资为农业人口的平均农业产出和农产品相对价格的积 $a'\gamma$。初始状态的农产品的相对价格 γ 为历史和政策因素所决定的外生变量。

现代工业部门从事非农产品的生产。在现代工业部门的生产中，影响产出的因素主要有技术、资本和劳动力。在技术创新型国家，技术进步具有内生性特点，因为大多数技术具有溢出效应，追赶型国家可以通过产品的技术逆向工程获得技术上的进步，技术水平具有外生性特点，技术水平的高低反映在投入-产出比值大小上。

假设投入的要素只有资本和劳动。由于中国这样的农业国存在巨量的剩余劳动力，因此，不宜将生产函数设为凸性函数。在凸性函数中，稻田条件（inada conditions）假设是因为在劳动数量固定的情况下，要素的边际产出将越来越小。在劳动力过剩的情况下，劳动力不形成对现代工业部门的制约，因此制约产出的主要是资本数量。资本一旦有了积累就会增设同样规模的工厂，即生产函数是规模不变的齐次函数：$f(\rho K, \rho L) = \rho f(K, L)$（$\rho$ 为常数）。厂商会把资本和劳动的比例调整到一个最优的水平，二者之间成固定比例，则现代工业部门的生产函数最终为关于资本 K 的函数：

$$y = f(K, L(K)) = g(K)$$

因此，这里假设生产函数为里昂惕夫固定比例生产函数，每单位的资本在最优要素组合决策时存在一个固定比例的劳动力数量ρ，则K单位资本需要的劳动力数量为ρK。在消费和储蓄方面，假设相对高收入群体的收入超过自发消费数量，位于拟合曲线的MN段，则根据边际消费倾向将收入按固定比例进行投资和消费。

总结以上假设：

1）只有两个部门，即一个农业部门，一个现代工业部门，分别生产农产品和工业品两种产品。

2）经济增长初期农业初始状态的各个变量情况：总劳动人口为L_T，农业充分就业人口为L_E，边际产出为 0 的剩余劳动人口为L_U，城市现代部门资本所有者人数为L_M，农业总产出是由可耕土地数量决定的固定产出A，农产品相对价格为γ，农业总收入为$A\gamma$，农业人均收入为$a'\gamma$。因为农业为固定产出，所以在下面的分析中，如果不做特别说明，都是指对工业产出的分析。

3）农业劳动力可以无摩擦地转移到现代工业部门，这里无摩擦是指没有转移成本，既包括城乡往返的交通流通成本，也包括劳动力在技能转换时不用花费成本。

4）当$L_{U(t)}>0$，即有剩余劳动力存在时，农业生产函数为$y=f(\text{Ara},L)=A$，$f'_L=0$；当$L_{U(t)}=0$，即农业没有剩余劳动力时，生产函数为$y=f(\text{Ara},K,L)=A$（A为固定常数），此函数意味着资本和劳动可以替代，其中，$f'_L>0$，$f'_K>0$。

5）工业生产函数：$y_m=\min F(K,L)=F(K,g(K))=f(K)=mK$（$y_m$、$K$、$L$、$m$分别表示非农产出、资本、劳动、资本-产出比）。

6）经济在一个封闭的体系中运行，暂时不考虑存在对外贸易的开放经济。

7）初始状态农产品的相对价格γ为历史和政策因素所决定的外生变量。

8）传统农业部门的人口在初始状态，不管是在农业部门还是到现代工业部门工作，其消费-收入曲线都位于拟合直线的OM段。

二、二元分配与增长模型的构建

农业部门的产出为恒定的 A，这时在现代部门，K单位资本需要的劳动力数量为ρK，每单位劳动的工资为$a'\gamma$，因此低收入群体在现代部门的工资收入为$a'\gamma\rho K$，对工业品的消费等于从现代工业部门挣得的工资收入以及向高收入群体出售农产品得到收入之和。资本所有者的利润为$mK-a'\gamma\rho K$（没有考虑其他要素的投入），其中mK为工业产出，$a'\gamma\rho K$为工资，因此利润率为$i=m-a'\gamma\rho$。设$L_M a\gamma$为资本所有者农产品消费，$L_M a_1$为资本所有者工业品自发消费，为了表达简便起见，可令$h=L_M(a\gamma+a_1)$。因为没有考虑政府和进出口，在现代工业部门有恒等式

$$y=\underbrace{a'\gamma\rho K+L_M a\gamma}_{(1)}+\underbrace{L_M a_1}_{(2)}+\underbrace{c(y-a'\gamma\rho K-L_M a\gamma-L_M a_1)}_{(3)}+I \tag{4.1}$$

式（4.1）中的（1）为农业人口对工业品的消费，（2）为城市资本持有者对工业品的自发消费，（3）为城市资本持有者对工业品的边际倾向消费。

不考虑路径，如果没有投资，这时产出刚好全部用来消费，令 I=0，利用 y=mK，得到

$$y=\frac{mL_M(a\gamma+a_1)-cmL_M(a\gamma+a_1)}{m-a'\gamma\rho-c(m-a'\gamma\rho)} \tag{4.2}$$

利用模型设定的 $i=m-a'\gamma\rho$ ， $h=L_M(a\gamma+a_1)$ ， $1-c=s$ ，解得完全由消费决定的均衡产出和相应的资本数量为

$$y=\frac{mh}{i}\text{，}\quad K=\frac{h}{i}$$

但是，因为这时的消费-收入关系为 $OM-MN$ 型，消费需求不成为社会经济的约束，因此投资等于 0 为不可能假设。若不考虑资本折旧，那么 $I=\Delta K$，$S=s(y-a'\lambda\rho K-h)$，根据生产函数 $y=mK$ ，有 $\Delta y=m\Delta K$ ， $I=\dfrac{\Delta y}{m}$ 。

资本所有者手中的储蓄全部用来投资，即 $I=S$，因此，下列等式成立：

$$\frac{\Delta y}{m}=s(y-a'\gamma\rho K-h)$$

由 $y=mK$ 得到

$$\frac{\Delta y}{m}=s\left(y-\frac{a'\gamma\rho y}{m}-h\right) \tag{4.3}$$

由式（4.3）可得到产出的增长率为

$$g_y=\frac{s(m-a'\gamma\rho)-smL_M(a\gamma+a_1)}{y} \tag{4.4}$$

将 $i=m-a'\gamma\rho$ 、 $h=L_M(a\gamma+a_1)$ 代入式（4.4），可得

$$g_y=si-\frac{smh}{y}$$

再利用 $\Delta y=m\Delta K$ ，同理得出

$$g_K=si-\frac{sh}{K}$$

将上面的增长率改写为关于时间的函数：

$$g_y=\frac{\mathrm{d}y/\mathrm{d}t}{y_{(t)}}=si-\frac{smh}{y_{(t)}} \tag{4.5}$$

$$g_{K(t)}=\frac{\mathrm{d}y/\mathrm{d}t}{K_{(t)}}=si-\frac{sm}{K_{(t)}} \tag{4.6}$$

由式（4.5）、式（4.6）分别作出产生增长率关于产出水平的相图（图 4.1）和资本增长率关于资本水平的相图（图 4.2）。

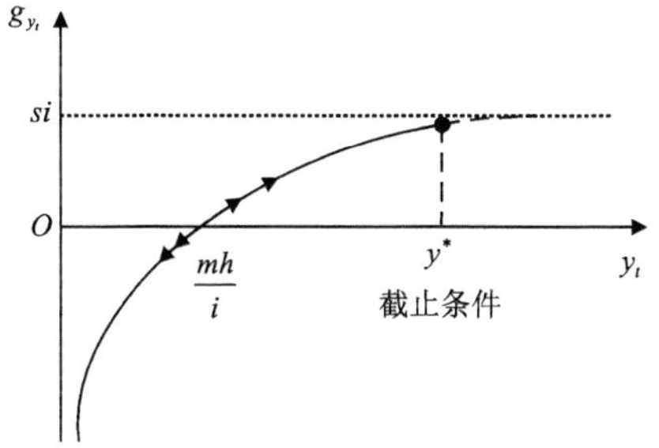

图 4.1　产出增长率关于产出水平的相图

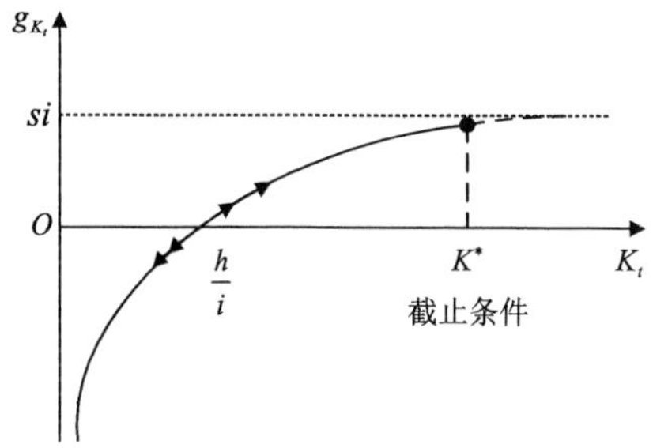

图 4.2　资本增长率关于资本水平的相图

从图 4.1 中可以看出，如果增长率 g_y 为正，产出 y 将逐渐增加，产出 y 的增加将导致 g_y 的值逐渐趋向一个稳定的增长率 si，经济规模将逐渐按照这个稳定的增长率不断扩大，直到出现有效需求或其他截止性条件为止；如果 g_y 为负，产出 y 将逐渐降低，随着产出 y 的减少 g_y 的值将变得更小，产出将逐渐降低，因此，一旦产出脱离均衡点，产出要么以越来越趋近于 si 稳定值持续增长，要么持续下降。可见，如果经济一旦脱离均衡，将有一个自我偏离的趋势，均衡点是一个不稳定均衡。

求解增长率关于时间的微分方程得到产出和资本的时间路径为

$$y_{(t)} = \frac{mh}{i} + \left(y_0 - \frac{mh}{i}\right)\mathrm{e}^{sit} \tag{4.7}$$

$$K_{(t)} = \frac{h}{i} + \left(K_0 - \frac{h}{i}\right)\mathrm{e}^{sit} \tag{4.8}$$

对式（4.8）求 K_t 关于时间的导数 $K_{(t)} = \frac{h}{i} + \left(K_0 - \frac{h}{i}\right)\mathrm{e}^{sit}$，得到投资的路径为

$$I_{(t)} = si\left(K_0 - \frac{h}{si}\right)\mathrm{e}^{sit} \tag{4.9}$$

相应的产出-时间、资本-时间示意图分别如图 4.3 和图 4.4 所示。

如果按照这条增长路径不变，必须具备一定的条件：①高收入群体收入按照消费倾向比例的消费没有达到饱和；②低收入群体所获得的收入没有达到自发性消费；③一直有剩余劳动力的存在来保证工资水平不变。

如果同时满足这几项条件，在 t 时刻 K_t 吸收的劳动数量是关于时间 t 的函数，表达式为

$$\rho K_t=\rho\left(\frac{h}{i}+\left(K_0-\frac{h}{i}\right)\mathrm{e}^{sit}\right)$$

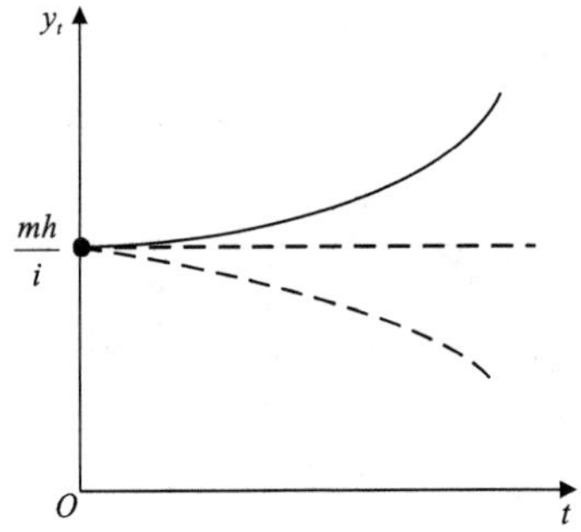

图 4.3　产出-时间示意图

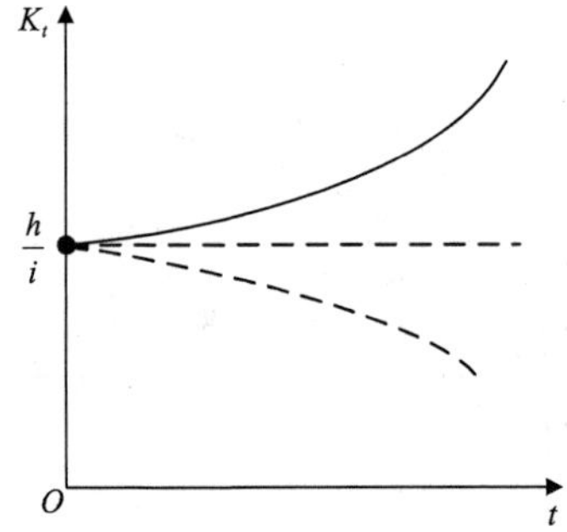

图 4.4　资本-时间示意图

令

$$\rho\left(\frac{h}{i}+\left(K_0-\frac{h}{i}\right)\mathrm{e}^{sit}\right)=L_U$$

可以解得把剩余劳动力 L_U 全部吸收完毕的刘易斯拐点时刻 t_0 为

$$t_0=\frac{1}{si}\ln\left(\frac{L_U i-\rho h}{\rho(K_0 i-h)}\right) \tag{4.10}$$

可知，当$t<t_0$时，还有边际产出为0的剩余劳动力的存在，工资水平 $a'\gamma$ 恒定不变，当$t>t_0$时，剩余劳动力吸收完毕，工资水平将上升，上面的路径将发生变化。

进城的农业户口的额外工资性收入 $a'\gamma\rho K$ 加上农村用农产品与城市资本持有者交换到的工业收入 $L_M ay$，除以原先的总农业户口人数 L_A，可以得到低收入群体的人均工业品消费，当达到自发性消费的拐点值时有下式成立：

$$\frac{a'\gamma\rho K+L_M a\gamma}{L_A}=a_1$$

其中，

$$K_t=\frac{h}{i}+\left(K_0-\frac{h}{i}\right)\mathrm{e}^{sit}$$

可以解得

$$t_{a_0}=\frac{1}{si}\ln\left(\frac{i(L_A a_1-L_M a\gamma)-a'\gamma\rho h}{a'\gamma\rho(K_0 i-h)}\right) \tag{4.11}$$

或

$$t_{a_0}=\frac{1}{si}\ln\left(\frac{L_M(\rho a_1-m)-L_A a_1 i}{a'\gamma\rho(K_0 i-h)}\right)$$

此时式（4.11）中的 t_{a_0} 时刻表示在城市现代工业部门的扩张中，农业人口由于到现代工业部门工作的工资收入增加，由过去消费掉自己全部的收入转变为只消费收入中的一部分，拥有了储蓄。

如果在增长的路径中有 $t<t_0$，且 $t<t_{a_0}$，也即 $t_{D_r}<\min(t_0,t_{a_0})$，如图 4.5 所示，增长的路径将沿着式（4.11）所表示的路径一直往前走，直到高收入群体消费达到饱和值，即 $t=t_{D_r}$，现有增长路径将发生改变，出现有效需求对生产的制约。产出增长受需求截止示意图和资本增长受需求截止示意图分别如图 4.6 和图 4.7 所示。

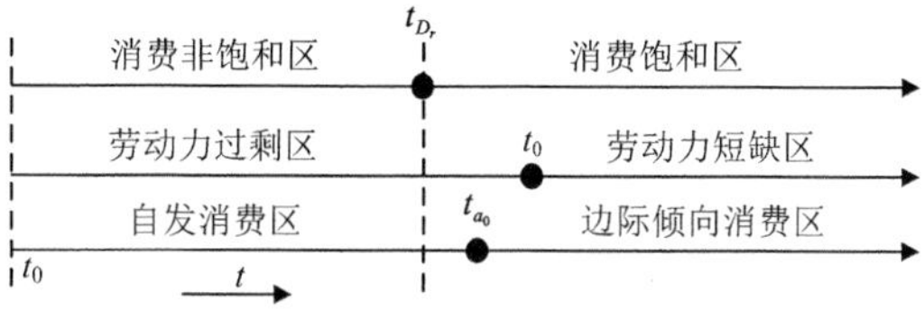

图 4.5　$t_{D_r}<\min(t_0,t_{a_0})$ 示意图

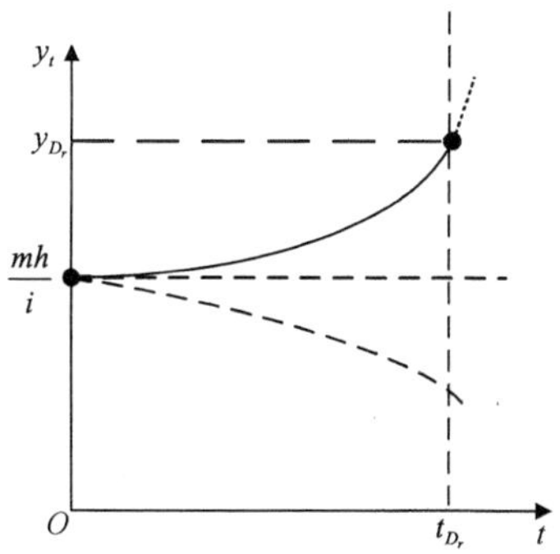

图 4.6　产出增长受需求截止示意图

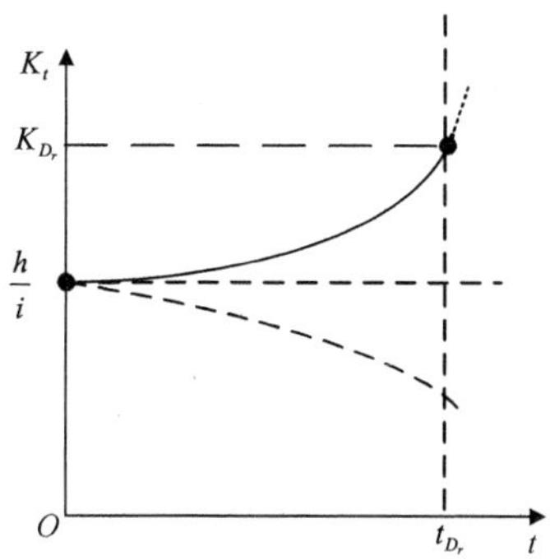

图 4.7　资本增长受需求截止示意图

现在再来计算这条路径上高收入群体对工业品达到饱和消费的拐点值 t_{D_r} 时刻，令高收入群体的消费等于其饱和消费量：

$$L_M a_1+c(y_t-L_M a_1-L_M a\gamma-a'\gamma\rho K_t)=D_r L_M a_1+c(y_{(t)}-L_M a_1-L_M a\gamma-a'\gamma\rho K_{(t)})=D_r$$

其中，

$$y_t=\frac{mh}{i}+\left(y_0-\frac{mh}{i}\right)\mathrm{e}^{sit}$$

$$K_t=\frac{h}{i}+\left(K_0-\frac{h}{i}\right)\mathrm{e}^{sit}$$

$$y_0=mK_0$$

得到

$$t_{D_r}=\frac{1}{si}\ln\left(\frac{D_r-L_M a_1}{K_0 i-h}\right) \tag{4.12}$$

假设满足$t_{D_r}<t_{a_0}$且$t_{D_r}<t_0$，增长路径将一直沿着y_t持续增加到$t=t_{D_r}$为止，这时增长路径才会发生改变。其中：

$$t_0=\frac{1}{si}\ln\left(\frac{L_U-\rho h}{\rho(K_0 i-h)}\right) \tag{4.13}$$

$$t_{a_0}=\frac{1}{si}\ln\left(\frac{L_A a_1-L_M a\gamma-a'\gamma\rho h}{a'\gamma\rho(K_0 i-h)}\right) \tag{4.14}$$

$$t_{D_r}=\frac{1}{si}\ln\left(\frac{D_r-L_M a_1}{K_0 i-h}\right) \tag{4.15}$$

在这个经济增长路径中，低收入群体的总收入路径为

$$A\gamma+a'\gamma\rho K_t$$

其中，

$$K_t=\frac{h}{i}+\left(K_0-\frac{h}{i}\right)\mathrm{e}^{sit} \tag{4.16}$$

农业总产量不变，相对价格不变，但是由于进城务工的人口数量在随着资本的增长而增加，总收入在增加；同时高收入群体的收入也在增加，但哪个群体增加得快，也即整个社会的收入差距变化趋势如何呢？这时的收入分配路径计算如下：在t时刻，令低收入群体的分配份额为α_t，低收入群体的收入分为两个部分：一部分为农产品收入，其总量为$A\gamma$；另一部分为现代工业部门的工资收入，其大小为$a'\gamma\rho K$。社会总产出为农业总产出与现代工业产出之和$(A\gamma+mK_t)$。因此，低收入群体在社会总收入中所占的份额α_t的计算公式为

$$\alpha_t=\frac{A\gamma+a'\gamma\rho K_t}{A\gamma+mK_t}=\frac{A\gamma+mK_t-iK_t}{A\gamma+mK_t}K_t \tag{4.17}$$

式（4.17）中，除资本K_t以外，皆为常量，K_t在经济增长过程中具有一直增大的趋势，对式（4.17）的K_t求导得到

$$\frac{\mathrm{d}\alpha_t}{\mathrm{d}K_t}=\frac{-iA\gamma}{(A\gamma+mK_t)^2}$$

因为资本的利润率不小于0，所以必然有

$$\frac{\mathrm{d}\alpha_t}{\mathrm{d}K_t}=\frac{-iA\gamma}{(A\gamma+mK_t)^2}\leqslant 0$$

由生产函数的假设可知，在经济增长的过程中，必然伴随着资本数量K_t的增加。从式（4.17）可知，随着资本K_t的增加，低收入群体的绝对收入在增加，但是在国民收入中所占的相对份额逐渐降低。可见，在存在剩余劳动力时经济规模

沿着该路径增长的情况下，低收入群体的收入随着经济的增长，绝对量在增加，但相对份额将随经济的增长而降低，即在经济增长的过程中伴随着收入差距的恶化。

在自由市场经济中，如何避免这种收入差距恶化的产生？

要使这种假设的路径不发生改变，必须有$t_{D_r}<t_{a_0}$且$t_{D_r}<t_0$。这在经济意义上意味着，在高收入群体的消费达到饱和时，农村还有剩余劳动力存在，低收入群体的收入和消费还没有达到自发性消费点，“自发性消费”是借用凯恩斯消费函数中$c=a_0+cy$的概念，凯恩斯认为个人总消费中的a_0部分不受收入影响，将这部分称为“自发性消费”。这种情况即为静态模型中的$OM-NH$型，也就是说，如果$t_{D_r}<t_{a_0}$且$t_{D_r}<t_0$同时成立，社会经济的发展过程中将由$OM-MN$型过渡到$OM-NH$型，这时增长停止，达到一个稳定的低均衡水平。此时有$y=\dfrac{D_r}{\chi}$。

要使不等式$\begin{cases}t_{D_r}<t_0\\ t_{D_r}<t_{a_0}\end{cases}$同时满足，在图4.6和图4.7中很明显，经济要增长，必须在平衡位置发生一个向上的扰动，有$K_0i-h>0$，即在初始位置资本的利润要大于自发性消费。利用这个条件，再根据式（4.13）～式（4.15）可以得到

$$\begin{cases}\dfrac{D_r-L_Ma_1}{K_0i-h}<\dfrac{L_Ui-\rho h}{\rho(K_0i-h)}\\[2ex] \dfrac{D_r-L_Ma_1}{K_0i-h}<\dfrac{i(L_Aa_1-L_Ma\gamma)-a'\gamma\rho h}{a'\gamma\rho(K_0i-h)}\end{cases}\tag{4.18}$$

利用$K_0i-h>0$，分离变量D_r、L_U，分别得到

$$L_U>\frac{\rho}{i}(D_r-L_Ma_1+h)\tag{4.19}$$

$$D_r<\frac{i(L_Aa_1-L_Ma\gamma)}{a'\gamma\rho}-h+L_Ma_1\tag{4.20}$$

利用模型假设$i=m-a'\gamma\rho$，$h=L_M(a\gamma+a_1)$，并令$D_r=L_Md_r$（d_r为个人的饱和消费值），不等式化为

$$\begin{cases}L_U>\dfrac{\rho L_M}{i}(d_r-a\gamma)\\[2ex] d_r<\dfrac{L_E+L_U}{L_M}\left(\dfrac{m}{a'\gamma\rho}-1\right)a_1-\dfrac{m}{\rho}\end{cases}\tag{4.21}$$

首先要清楚的是，如果同时满足式（4.21）的两个条件，意味着在经济增长的过程中高收入群体达到饱和需求时，低收入群体还没有抵达自发性消费，即属于贫富两极分化的$OM-NH$型。现在来看单个变量在其他变量不变时如何变动，

容易使上面的不等式成立而陷入这种增长陷阱。

可以从式（4.21）明显看出的是：第一，L_U越大，在其他条件不变的条件下，两个不等式都越容易得到满足，其经济意义为，社会中的过剩劳动力数量越大，越容易出现贫富差距陷阱；第二，D_r越小，越会使两个不等式同时得到满足，其经济意义是，一个社会中消费越受到制约，可供消费的产品或服务种类越少，越容易锁定这种贫富差距；第三，L_M越小，两个不等式越容易同时得到满足，其经济意义为，属于高收入群体的资本持有人数越少，这种贫富分化现象越容易形成。

这说明在自由市场经济条件下，要使一个社会尽量避免落入两极分化带来的陷阱，在剩余劳动力人口短期不能控制时，要尽量放松高收入群体消费的约束条件，提高饱和消费的数值，提高资本持有者的人口数量，而不是将财富过于集中到少数人口手中。其余变量的变化方向不明确，需要依据导数才能得到说明。

将$i = m - a'\gamma\rho$代回式（4.21）得到

$$\begin{cases} L_U > \dfrac{\rho L_M}{m - a'\gamma\rho}(d_r - a\gamma) \\ d_r < \dfrac{L_E + L_U}{L_M}\left(\dfrac{m}{a'\gamma\rho} - 1\right)a_1 - \dfrac{m}{\rho} \end{cases} \tag{4.22}$$

对ρ的分析：

在第一个不等式右边对ρ求导，得到

$$\frac{L_M}{m - a'\gamma\rho}(d_r - a'\gamma) + \frac{\rho a'\gamma L_M}{(m - a'\gamma\rho)^2}(d_r - a'\gamma) \tag{4.23}$$

式中，d_r为个人的饱和消费值，显然有$d_r > a'\gamma$，$m - a'\gamma\rho$为资本的利润率，同样为正，所以式（4.23）严格为正，即ρ越大，式（4.22）中的第一个不等式的值将随着ρ的增加而增加，在其他条件不发生改变的情况下，将使第一个不等式成立的条件受到破坏，其经济意义为，工业生产中单位资本吸收的劳动数量越多，劳动力剩余拐点越能早日来到。

对式（4.22）中的第二个不等式右边对ρ求导，得到

$$\frac{m}{\rho^2}\left(\frac{L_M a\gamma - (L_E + L_U)a_1}{L_M a\gamma}\right) \tag{4.24}$$

式中，$L_M a\gamma - (L_E + L_U)a_1$为持有资本的高收入群体对农产品的消费数量与农业总人口数量对工业品的自发消费数量之差。一般来讲，转型国家中的农业人口大于城市现代工业部门中拥有资本的人口。同时，由恩格尔定律可知，一般对农产品的消费要小于对工业品的消费，所以前者小于后者。因此，此导数值为负值，即意味着单位资本需要的劳动数量越少，低收入群体进入具有储蓄的收入阶段

越难。

对γ的分析：

至于农产品的相对价格变化的影响，式（4.22）中的第一个不等式右边对农产品相对价格γ求导得到

$$\frac{\rho a' L_M}{(m-a'\gamma\rho)^2}(d_r\rho - m) \tag{4.25}$$

符号取决于$d_r\rho$和m的相对大小，对式（4.22）中的第二个不等式右边来说，γ的变化比较明显，农产品相对价格的升高，有利于低收入群体早日进入边际倾向消费阶段。

现在来具体讨论γ变化带来的影响。一方面，γ的升高给农业人口带来好处，可以使$L_M a\gamma$升高，γ升高一单位带来$L_M a$单位的升高，记为$+L_M a$。另一方面是对$a'\gamma\rho K$的影响。其中的$K_t = \frac{h}{i} + \left(K_0 - \frac{h}{i}\right)e^{sit}$，$\gamma$升高一单位对该项的变化值是关于时间$t$的函数，该函数先增后减。因此，在没有需求制约，仅从生产供给考虑问题时，在一定范围内提高农产品价格可以增加农业人口收入，超过一定范围提高农产品相对价格反而会减少农业人口总收入。其中的道理是，农产品价格的提高虽然会直接增加农业人口的收入，但是现代工业部门会因为农产品相对价格的提高受到两方面的影响：其一是现代部门资本持有人对农产品的消费需要付出更多的工业产出，其二是农产品相对价格的上升会使现代工业部门的工资水平上升。这些都会影响资本的积累。积累的减少将减少剩余劳动力的就业，就业减少又反过来带来收入的减少，其中资本的增加是呈指数形式增加，而相对价格的增加是线性增加。因此，在高收入群体的消费还没有达到饱和、经济还没有出现需求制约时，提高农产品的相对价格，不仅会降低经济增长的速度，而且农产品相对价格的上升不一定能改善收入差距。

对m的分析：

在式（4.22）中的第一个不等式的右边对m求导，得到

$$\frac{\rho L_M(a\gamma - d_r)}{(m-a'\gamma\rho)^2} \tag{4.26}$$

依据上面的分析，式（4.26）严格小于0，可见，代表着技术水平的m值越大，剩余劳动力存在的条件越不易被破坏。

在式（4.22）中的第二个不等式右边对m求导，得到

$$\frac{1}{\rho}\frac{L_M a_1 - L_M a\gamma}{L_M a\gamma} \tag{4.27}$$

同样，依据前面的分析，式（4.27）符号为正，即m值越大，式（4.22）中

的第二个不等式越容易得到满足，可见 m 的值对两个不等式的影响方向是一致的，m 越大，对增量财富的这种分配办法，越容易陷入贫富分化的陷阱。

对资本利润率水平的分析：

如果把利润率水平作为一个整体来考虑，将式（4.22）稍做变形，得到

$$\begin{cases} L_U > \dfrac{\rho L_M}{i}(D_r - a\gamma) \\ D_r < \dfrac{L_E + L_U}{L_M}\dfrac{a_1 i}{a'\gamma\rho} - \dfrac{m}{\rho} \end{cases} \tag{4.28}$$

很明显，利润率越高，式（4.28）成立的条件都越容易得到满足，即资本的利润水平越高，其他条件下，越容易出现贫富两极分化。

各参变量的变动对劳动过剩拐点和中等收入阶层拐点的影响以及对贫富差距的影响如表 4.1 所示。

表 4.1 各变量对收入分配的影响

变动方向	饱和消费量 D_r	过剩人口数量 L_U	劳动/资本比率ρ	资本持有者人口数 L_M	利润水平 i	生产技术水平 m	农产品相对价格γ
如何变动利于摆脱贫富两极分化	升高	降低	升高	升高	降低	降低	不明确

从表 4.1 中可以看出，放松消费约束提高饱和消费数量、采用劳动力密集型技术、资本具有较低的利润率水平、资本持有人人口数量较多，较容易使社会摆脱贫富两极分化。同时说明一个国家的剩余劳动力数量越大，越容易出现贫富两极分化的现象。另外，农产品相对价格在没有需求不足现象时，在经济增长过程中对贫富（城乡）差距的影响不确定。

从上面的分析可以看出，在转型过程中，如果一个国家具有庞大的剩余劳动人口数量，就容易出现贫富两极分化的现象。其中，具有确定方向的措施就是努力提高社会经济中的有效需求、控制资本的利润率水平，以及尽量采用劳动力密集程度大的生产技术，带动劳动力就业。在工资由市场决定的条件下，只有把剩余劳动力吸收完毕以后，劳动者的相对工资才会上升，使收入差距走向逐步缩小的趋势。对于农产品的相对价格，提高农产品价格，有利于减少两个群体间的相对收入差距，但是，提高农产品价格会影响到资本的积累，反过来又会影响到低收入群体的非农收入，因此，在没有有效需求不足时，农产品价格的变化是否有利于社会摆脱贫富分化，必须依赖于其他参数的相对大小，不能一概而论。

刘易斯-拉尼斯-费景汉模型没有考虑产品的需求问题，只考虑了产品的生产和分配。在该模型中，城市现代工业部门付出边际生产力等于传统部门的低工资，

获得大量生产者剩余，剩余用来投入扩大再生产，使劳动的边际产出曲线右移，吸纳更多的劳动力转移，一直到农业边际产量为 0 的剩余劳动力转移完毕为止，进入劳动力转移的第二阶段。费景汉和拉尼斯担心的是农业进入第二阶段以后，农业劳动力的边际产量进入大于 0 的阶段，这时，劳动力的继续转移会使农产品的价格升高，反过来制约工业部门的发展，会影响转移过程的顺利实现。

但这只是问题的一个方面，他们没有考虑到产品的交换特别是消费问题，生产的最终目的是消费，如果考虑到物质产品的消费餍足性问题，假设在工业获得大量生产剩余不断扩大再生产的时候，由于相对收入差距的扩大，出现工业品的有效需求不足，同样可能导致劳动力转移的过程不能持续。依据本章的两部门假设模型，传统部门的劳动力到城市现代工业部门工作后，同资本的结合会使生产效率得到提高，但根据边际产品决定的工资还是基本上维持在生存工资水平。在经济转型初期，由于城市现代工业部门的生产剩余获得者和其他资源持有者的消费还远没有达到饱和消费的水平，同时，生产过程中迂回生产决定投资需求很大，不存在有效需求不足的问题。但随着转移劳动力越来越多，城市现代工业部门的产能会越来越大，根据物质产品的餍足性假设，高收入群体的消费有限，低收入群体由于工资只是接近生存工资水平，受到收入约束，对城市现代工业部门的物质产品的消费能力同样有限。在消费决定的最终有效需求出现不足时，迂回生产过程中的引致投资也必然受到影响，共同导致总需求不足，而使刘易斯模型描述的劳动力转移不能持续下去，落入两极分化经济停滞的陷阱，经济停止增长。一个国家中农业人口的相对数量越大，出现这种状况的可能性越大。

中国作为一个人口大国，在改革开放之初，因为人均可耕土地面积非常有限，存在着大量的剩余劳动人口，具有非常典型的城乡二元经济特征。在自由市场经济条件下，要使工资水平上升，只能是在剩余劳动力吸收完毕以后才能通过市场自发实现。在这个模型中，表明在中国这个传统的农业大国，要实现农民的成功转型，其间要避免贫富分化出现的任务尤其艰难。

第二节　劳动力短缺时的分配与增长

一、劳动力拐点到来后增长路径的改变

从第四章第一节二元分配和增长模型构建中可知，如果式$\begin{cases} t_{D_r} < t_0 \\ t_{D_r} < t_{a_0} \end{cases}$同时成立，

则表示随着经济的增长，高收入群体的消费将先于劳动力拐点和自发消费拐点之前达到饱和，收入的增加并不能增加其消费水平；同时低收入群体收入水平很低，处在自发性消费阶段，所有的收入全部用来消费，表现为社会经济出现贫富两极分化。这时，假设在没有信用货币的实物经济中，经济的增长将由于有效需求的不足而停止增长，进入一种稳态。在本章第一节中，一直在讨论为了避免$t_{D_r} < t_{a_0}$，$t_{D_r} < t_0$的成立，即在t_{a_0}、t_0不变的情况下，怎样来扩大高收入的饱和需求，增大t_{D_r}，使$t_{D_r} > t_{a_0}$及$t_{D_r} > t_0$，从而摆脱这种由于贫富分化形成的低水平陷阱。在这里，将讨论$t_{D_r} > t_0$，即拥有资本的高收入群体还没有达到饱和时，农业中的剩余劳动力已经转移完毕这种情况。

$t_{D_r} > t_0$又可以分为两种情况：①$t_{D_r} > t_{a_0} > t_0$；②$t_{D_r} > t_0 > t_{a_0}$。在情况①中，经济的增长过程中，先出现劳动力过剩消失的阶段；在情况②中，先出现低收入群体的收入上升到拥有储蓄的阶段，再出现劳动力过剩消失的阶段。

（一）情况一：增长过程中过剩劳动力被吸收

首先来考虑第一种$t_0 < t_{a_0} < t_{D_r}$的情况，即首先出现剩余劳动力转移完毕，后出现低收入群体的收入上升到出现储蓄的阶段。在这种情况下，三个时间点将把时间轴分为四个阶段，其示意图如图 4.8 所示。

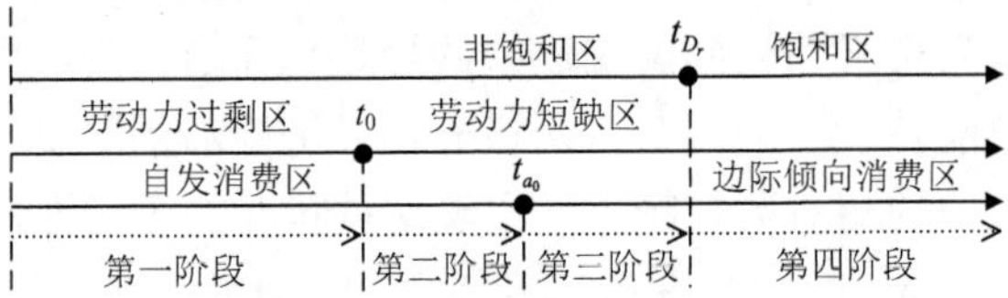

图 4.8　$t_0 < t_{a_0} < t_{D_r}$示意图

第一阶段：

在第一阶段，$t < t_0 < t_{a_0} < t_{D_r}$，根据二元分配与增长模型中的内容可知，这个时间段内经济增长率$g_y = si - \frac{snh}{y}$，当时间t到达t_0时刻，由于农业中剩余劳动力已经完全被现代部门吸收完毕，这时，经济增长的路径将会发生改变。

第二阶段：

假设没有农业技术进步，农业中剩余劳动力转移完毕之后，如果劳动力继续转移，将影响农业中农产品的产量，如果是在封闭经济中，要满足刚性需求的农产品需要，只能用资本来对劳动进行替换，使农产品的产量继续保持在固定的A水平上。这时，由于$t_{D_r} > t_0$，在高收入群体没有达到消费饱和之时，城市现代工业部门没有需求的制约。同时，随着资本的继续增长，所需的劳动力数量随之增加。这时的条件是，农业部门已经没有多余的剩余劳动力，要使现代工业部门继续增长，产出中必定要拿出一部分作为资本来替换农业中由于现代工业部门增长而减少的劳动力。这时，拥有资本的高收入群体得到同样多的农产品，需要付出比过去更多的非农业品，即意味着农产品相对价格提高。

因为没有需求的制约，现在从生产供给面讨论问题。假设农业中资本和劳动可以替代，资本和劳动的边际替代率为负的常数$-z(z>0)$，即要从农业中转移出来一单位劳动，必须在农业增加z单位的资本投入。由前面的假设可知，固定数量的可耕土地在只有劳动要素的投入时，充分就业的劳动数量为L_E，在边际替代率为$-z$时，从农业中吸收（也即农业减少）L单位劳动，必须追加zL单位资本，这时农业生产函数为：$f(L_E-L,zL)=A$（A为常数）。延续前面的假设，高收入群体的农产品需求数量为$L_M a$，过剩劳动力存在时农产品的相对价格是γ_0，在越过过剩劳动力消失点t_0时刻以后，工业部门另外增加L劳动力的供给就必须在农业部门增加Lz单位的资本投入，所以这时农产品的相对价格为

$$\gamma_x=\frac{L_M a\gamma_0+Lz}{L_M a} \tag{4.29}$$

式中，$L_M a$为高收入群体对农产品的需求量。

这时，因为资本对劳动的替代，单个农民在劳动付出没有增加的情况下，农产品相对价格上升为γ_x，农民进城务工相应的机会成本上升为$a'\gamma_x$，现代工业部门资本的利润率相应变为：$r=m-a'\gamma_x\rho$。随着经济的增长现代工业部门对L的需求增加，γ_x会上升，真实利润率$r=m-a'\gamma_x\rho$将逐步下降，直至资本失去利润，生产的扩张停止，社会经济可能由于生产的制约而停止增长。

当$r=m-a'\gamma_x\rho=0$时，得到$\gamma_x=\dfrac{m}{a'\rho}$，由农产品相对价格同吸收劳动力数量的关系，得到

$$\gamma_x=\frac{L_M a_0+Lz}{L_M a}=\frac{m}{a'\rho}$$

解得可吸收的劳动力数量为

$$\overline{L}=\frac{L_M L_A(m-a'\gamma_0 z)}{L_M a}=\frac{m}{a'\rho} \tag{4.30}$$

式（4.30）意味着，当现代工业部门代表的技术水平的资本-产出比率、资本-劳动比率以及农业资本-劳动边际替代率不变时，在农村剩余劳动力完毕时刻，最多只能从已经充分就业的农业部门吸收$\dfrac{L_M L_A(m-a'\gamma_0 z)}{z\rho L_T}$单位的劳动。

经济在t_0时刻，即刚好边际产出为0的劳动力被现代部门消化完毕，通过这一

点后，现代工业部门为获得同样的农产品，必须另外付出工业产出作为农业资本来替代劳动力的流出，引起农产品价格的上升，这时有

$$y = \underbrace{a'\gamma\rho k + L_M a\gamma_x}_{(1)} + \underbrace{L_M a_1 + c[y - L_M(a_1 + a\gamma_0) - a'\gamma\rho K]}_{(2)} + I$$

其中，（1）为低收入群体的消费与投资（投资为 $L_M a\gamma_x = L_M a\gamma_0 + Lz$ 中的 Lz 部分），这里 $a'\gamma\rho k$ 为农业劳动力在工业部门获得的工资性收入， $L_M a\gamma_0$ 为农业通过出售农产品获得工业产品收入；（2）为高收入群体的消费，这里 $L_M a_1$ 为高收入群体对工业品的自发消费， $c[y - L_M(a_1 + a\gamma_0) - a'\gamma\rho K]$ 为收入中按固定边际消费倾向消费的工业品。

由 $\gamma_x = \dfrac{L_M a\gamma_0 + Lz}{L_M a}$, $y = mk$, $\Delta y = m\Delta k$, $L = \rho k$, $I = \Delta k$, $s = 1 - c$, $h = L_M(a\gamma_0 + a_1)$ ， $i_0 = m - a'\gamma_0\rho$ 可解得

$$g_{y(t_0<t<t_{a_0})} = -\frac{sz\rho^2}{L_M m}y + (si_0 + sz\rho) + \frac{shm}{y} \tag{4.31}$$

对于式（4.31），当 $y > 0$ 时，经济增长率随产出 y 增大而逐渐递减，在其他条件不发生改变的情况下，增长率将最终下降到 0 的水平。

把 $t < t_0$ 以及 $t > t_0$ 结合起来得到一个增长率关于产出水平的分段函数：

当 $t < t_0$ 时，产出增长率、资本增长率、产出、资本的路径分别由下列式子表示。

$$g_{y_t} = \frac{\frac{\mathrm{d}}{\mathrm{d}t}K}{y_t} = si - \frac{smh}{y_t} \tag{4.32}$$

$$g_{k_t} = \frac{\frac{\mathrm{d}}{\mathrm{d}t}K}{K_t} = si - \frac{sh}{K_t} \tag{4.33}$$

$$y_t = \frac{mh}{i} + \left(y_0 - \frac{mh}{i}\right)\mathrm{e}^{sit} \tag{4.34}$$

$$K_t = \frac{h}{i} + \left(K_0 - \frac{h}{i}\right)\mathrm{e}^{sit} \tag{4.35}$$

当到达 t_0 时刻，工业部门的劳动数量为全部的剩余劳动数量 L_U ，相应的资本数量为 L_U/ρ ，工业部门产出达到 mL_U/ρ 。

当 $t > t_0$ ，增长率的表达式变为

$$g_{y(t_0<t<t_{a_0})} = \frac{sz\rho^2}{L_M m}y + (si_0 + sz\rho) + \frac{smh}{y} \tag{4.36}$$

相应有

$$g_{K(t_0<t<t_{a_0})}=\frac{sz\rho^2}{L_M m^2}y+\frac{si_0+sz\rho}{m}+\frac{sh}{y} \tag{4.37}$$

其中产出的时间路径为

$$y_t=\frac{1}{2}\frac{c_2+\tanh\left(\frac{1}{2}x\sqrt{4c_3c_1+c_2^{\ 2}}-\frac{1}{2}c_1\sqrt{4c_3c_1+c_2^{\ 2}}\right)\sqrt{4c_3c_1+c_2^{\ 2}}}{c_1} \tag{4.38}$$

式中，tanh 为双曲正切函数，其中 $c_1=\frac{sz\rho^2}{L_M m}$， $c_2=si_0+sz\rho$ ， $c_3=shm$ 。

这时，增长率因为农产品相对价格的增加造成工资成本的上升以及农产品购买的付出增加，影响了资本的积累。随着劳动要素向工业部门不断转移，增长率会越来越低，但产出水平仍然不断上升，如果其他条件不发生改变，将会达到一个因为供给制约的新的均衡。

图 4.9 为 $t_0<t<t_{a_0}<t_{D_r}$ 时的经济增长相图示意图。

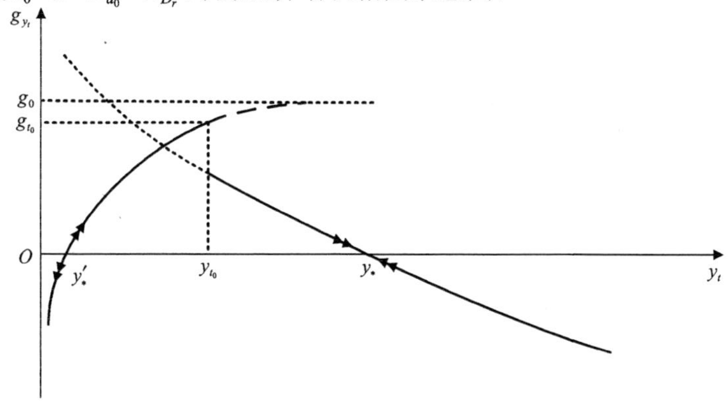

图 4.9　$t_0<t<t_{a_0}<t_{D_r}$ 时的经济增长相图示意图

图 4.9 表示在满足 $t_0<t<t_{a_0}<t_{D_r}$ 时，增长率与产出的关系，增长率在 y'_* 的均衡点附近向上偏离不稳定均衡。在增长的路径中，因为剩余劳动力转移完毕，增长的路径发生改变，增长率将越来越低。如果满足前面的不等式条件（没有需求制约），将在 y_* 达到一个新的均衡。在此处，当状态点位于横轴上方时，增长率为正，增长率随产出的增大而减少，产出将逐渐趋于 y_*；当状态点位于横轴下方时，增长率为负，增长率随着产出的减小而增大，也会使之回到 y_*，因此 y_* 为一个稳定均衡点。

第三阶段：

在第三阶段 $t_0<t_{a_0}<t<t_{D_r}$ ，这时意味着低收入群体已经进入了边际倾向消费阶段，高收入群体还没有进入饱和消费阶段，如图4.10所示。

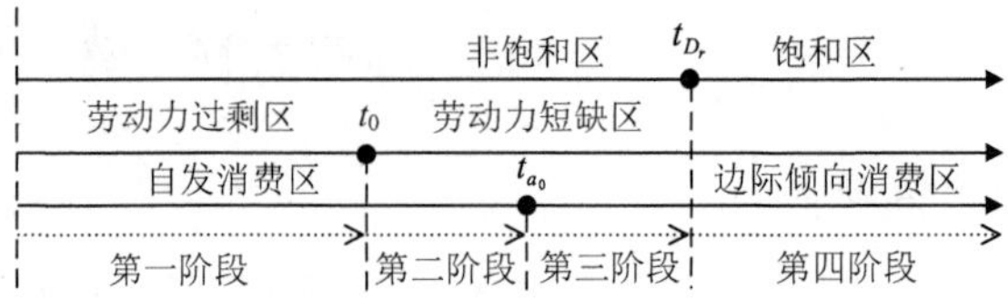

图 4.10 $t_0 < t_{a_0} < t < t_{D_r}$ 时的经济增长相图示意图

$$y = \underbrace{L_A a_1 + zL + c(a'\gamma_x \rho K + L_M a\gamma_x - L_A a_1 - zL)}_{\text{(低收入群体的消费和投资)}} + \underbrace{L_M a_1 + c(y - a'\gamma_x \rho K - L_M a\gamma_x - L_M a_1)}_{\text{(高收入群体的消费)}} + I$$

利用 $L_T = L_A + L_M$，化简得到

$$y = L_T a_1 + zL + c(y - L_T a_1 - zL) + I$$

再利用 $L = \rho K$，$I = \Delta K$，$s = 1 - c$，$K = \dfrac{y}{m}$，$\Delta K = \dfrac{\Delta y}{m}$ 得到增长路径为

$$g_{y(t_0<t_{a_0}<t<t_{D_r})} = sm - sz\rho - \frac{smL_T a_1}{y}$$

与第一阶段增长率相比：

$$g_y = si - \frac{smh}{y} = sm - sa'\gamma_0\rho - \frac{smh}{y} \tag{4.39}$$

在式（4.39）中，因为资本对劳动的替代率假设为固定的常数 z，在农业中所有的劳动力都充分就业时，一单位劳动的产出为 $\dfrac{A}{L_E}\gamma_0 > \dfrac{A}{L_T}\gamma_0 = a\gamma_0$，因此有 $z > a\gamma_0$。当产出 y 无限大时，稳态增长率 $m - a\gamma\rho > m - z\rho$，曲线和 y_t 轴的交点位置取决于 $\dfrac{ma_1L_T}{m - z\rho}$ 同 $\dfrac{mh}{m - a'\gamma\rho}$ 的相对大小。图 4.11 为假设 $\dfrac{ma_1L_T}{m - z\rho} > \dfrac{mh}{m - a'\lambda\rho}$，$t_0 < t_{a_0} < t < t_{D_r}$ 时的经济增长相图示意图。

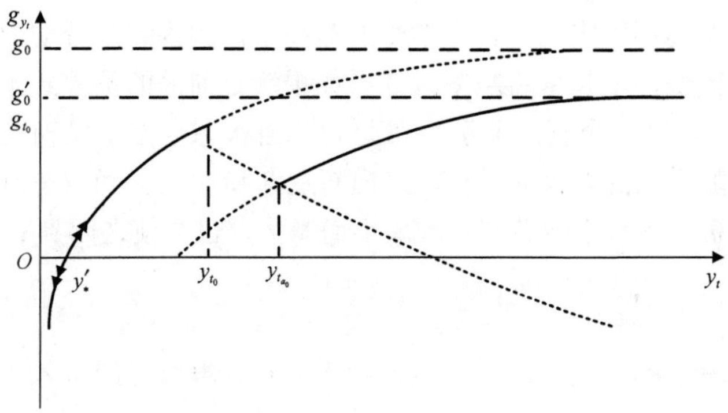

图 4.11 $t_0 < t_{a_0} < t < t_{D_r}$ 时的经济增长相图示意图

第四阶段：

在第二阶段，由于劳动力出现短缺，必须用资本来替代劳动要素，使农产品相对价格升高，从而引起工资成本的上升，影响了资本的积累，使经济的增长率下降；进入第三阶段后，低收入群体也有了储蓄，使资本的数量增多，又使资本积累增加增长率上升。如果其他条件不发生改变，将最终稳定在一个恒定的增长率水平上，经济持续增长。但是，在餍足性假设条件下，这种增长是不可能一直持续下去的，因为这两个群体虽然具有同样的消费倾向，但是收入水平不同，当高收入群体在社会产出中获得的份额用于消费的比例超过了自己的饱和消费之后，假设在没有货币的实物经济中，高收入群体将增加实物商品的库存，在库存达到一定水平后，将调整用于投资的比例以减少投资，使收入的流量同自己的消费大致持平，经济将维持在一个固定的规模上不再增加，经济增长结束，如图 4.12 所示。

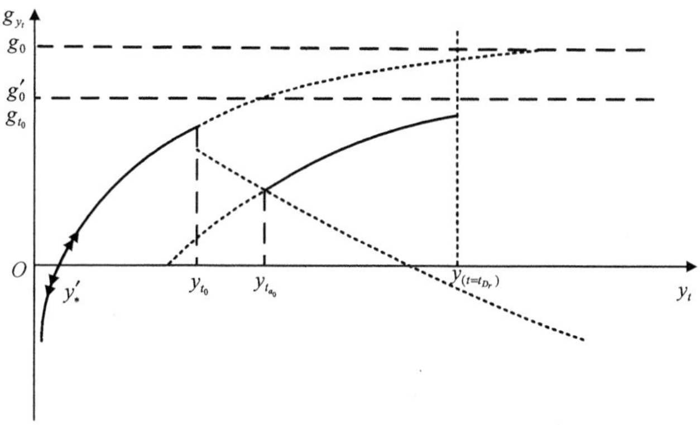

图 4.12　$t_0 < t_{a_0} < t_{D_r} < t$ 时的经济增长相图示意图

在这种假设情况下，低收入群体有了积蓄，如果高收入群体由于需求有限不愿意增加投资，但是低收入群体还具有增加消费的愿望，拥有储蓄的低收入群体理论上可以增加投资，推动经济继续增长。一般来讲，低收入群体虽然拥有部分储蓄，但储蓄相比高收入群体，数量有限，融资手段相应受到限制，即使融资成功，一旦负债进行投资，也会对高收入群体的产业造成竞争威胁。在市场竞争中，资本不具有优势的低收入群体的投资相比之下容易失败，相应市场风险相对较大。因此，这种情况下，低收入群体的投资受到阻碍，使低收入群体的储蓄难以转化为投资。

当然，在现实的经济生活中，不是这种实物商品交易的社会，由于货币参与流通，高收入群体不用积蓄实物，可以不断增加货币财富以使自己在将来跨期消费属于自己的财富。但是，在信用货币财富不断积累的过程中，高收入群体的货币财富增加的数额，从会计角度来看，就是社会上其他群体对高收入群体的负债增加的数额，高收入群体的货币财富越多，社会其他群体负债水平就越高。负债的形式主要表现为：政府负债消费和投资，企业、个人的负债消费和投资，以贸易顺差出现的国外借贷等。在理论上，一旦最终消费需求不足，投资需求相应会受到影响。由于在市场经济条件下，以价格信号作为调控经济的工具往往在时间上具有滞后性，金融工具的广泛存在以及金融链条的延伸，容易使企业产生“错误”的融资投资。同时，受凯恩斯主义影响，政府也容易产生“错误”的投资需求，不管是哪一种借贷消费或投资，积累到一定程度，在受到意外冲击的情况下，都很容易造成因为信用的清偿使经济出现衰退风险甚至较严重的经济危机。

（二）情况二：低收入群体收入上升后劳动力过剩消失

当 $t_{a_0} < t_0 < t_{D_r}$ 时，先出现低收入群体的收入上升到具有储蓄的阶段，再出现劳动力过剩消失的阶段（图 4.13）。

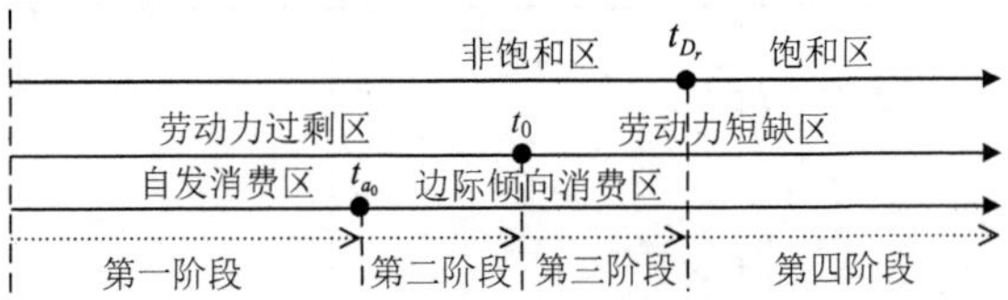

图 4.13　$t < t_{a_0} < t_0 < t_{D_r}$ 时的经济增长相图示意图

第一阶段：

时间 t 满足 $t < t_{a_0} < t_0 < t_{D_r}$ 时，根据前面第三阶段的结论，经济的增长率为

$$g_{y(t<t_{a_0})} = si - \frac{smh}{y} = sm - sa'\gamma\rho - \frac{smh}{y} \tag{4.40}$$

第二阶段：

进入区间 $[t_{a_0}, t_0]$ 后，即 $t_{a_0} < t < t_0 < t_{D_r}$ 时，低收入者由于收入的增加有了固定比例的储蓄，消费行为发生改变，相应地，增长路径也会发生改变。由于在本书的假设中，低收入者进入 M–N 型的线段区域，其边际消费倾向同样为 c，这时现代工业部门的产出构成为

$$y = L_A a_1 + c(a'\gamma\rho K + L_M a\gamma - L_A a_1) + L_M a_1 + c(y - a'\gamma\rho K - L_M a\gamma - L_M a_1) + I$$

可以得到增长路径

$$g_{y(t_{a_0}<t<t_0<t_{D_r})} = si - \frac{smL_T a_1}{y} \tag{4.41}$$

同第一阶段的增长率 $g_{y(t<t_{a_0})} = si - sa'\gamma\rho - \dfrac{smh}{y}$ 相比较，作出如图 4.14 所示的

示意图。

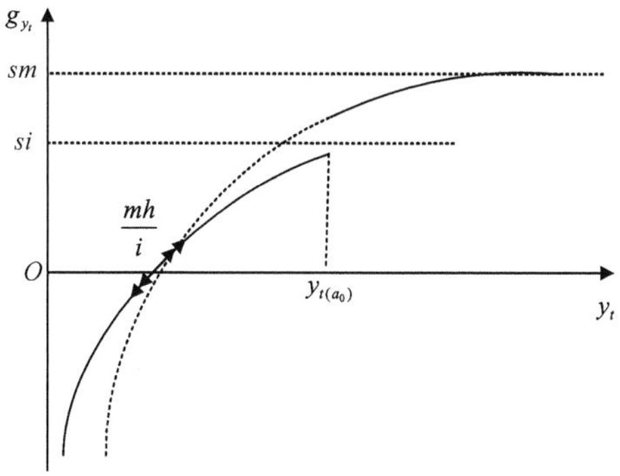

图 4.14　$t_{a_0} < t_0 < t < t_{D_r}$ 时的经济增长相图示意图

第三阶段：

当 t 继续前行，进入 $t_{a_0} < t_0 < t < t_{D_r}$ 区域时，农业中必须用资本替代劳动力来保证农业产出，现代工业部门的国民收入用支出法可以表示为

$$y = L_A a_1 + zL + c(a'\gamma_x \rho K + L_M a\gamma_x - L_A a_1 - zL) + L_M a_1 + c(y - a'\gamma_x \rho K - L_M a\gamma - L_M a_1) + I$$

化简得到

$$y = sL_T a_1 + szL + cy + I$$

增长率为

$$g_{y(t_0 < t_{a_0} < t < t_{D_r})} = si - sz\rho - \frac{smL_T a_1}{y} \tag{4.42}$$

这时，将三个阶段的增长率解析式放在一起比较：

$$g_{y(t < t_{a_0})} = s\left(m - a'\gamma\rho - \frac{mh}{y}\right) \tag{4.43}$$

$$g_{y(t_{a_0} < t < t_0 < t_{D_r})} = s\left(i - \frac{mL_T a_1}{y}\right) \tag{4.44}$$

$$g_{y(t_0 < t_{a_0} < t < t_{D_r})} = s\left(i - z\rho - \frac{mL_T a_1}{y}\right) \tag{4.45}$$

其中，三个稳态增长率的大小关系为 $s(m - z\rho) < s(m - a'\gamma\rho) < sm$，第二阶段与横轴的交点与第三阶段与横轴的交点相比较，有 $a_1 L_T < \frac{ma_1 L_T}{m - z\rho}$。图 4.15 的示意图是依据 $\frac{mh}{m - a'\gamma_0\rho} < a_1 L_T < \frac{ma_1 L_T}{m - z\rho}$ 而作的。

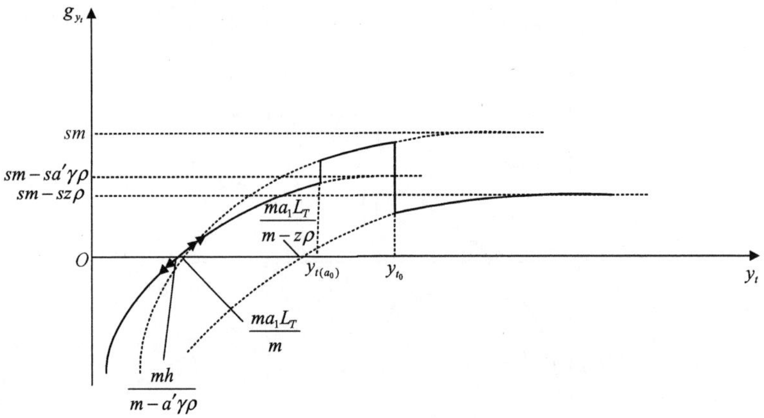

图 4.15　$t_{a_0} < t_0 < t < t_{D_r}$ 时的经济增长相图示意图

二、劳动力过剩前后收入分配变化趋势

讨论本章两部门假设模型下经济增长过程中收入分配的变化趋势，因为该模型中为两个群体，每个群体都以代表性个体为研究对象，因此，只需研究两个群体中的一个相对于国民收入的相对变化趋势即可。在这里，国民收入包括现代工业部门收入和农业部门收入，其中现代工业部门的产出随资本的上升而上升，农业部门的产出是固定的总量 A，但是相对价格可能发生变化，因此，农产品总收入也是一个变量。

不管是哪种情况的哪种阶段，低收入群体的收入总是由两部分构成：一部分为农产品收入，另一部分为现代工业部门的工资收入。其中，农业总收入为 $A\gamma_{(t)}$，现代工业部门的工资收入为 $a'\gamma_t\rho K_t$。国民收入为 $A\gamma_{(t)}+mK_t$。

设低收入群体在国民收入所占的份额为 α_t，其计算公式为

$$\alpha_t = \frac{A\gamma_{(t)} + a'\gamma_t\rho K_t}{A\gamma_{(t)} + mK_t}$$

在两种情况的第一阶段，都因为有剩余劳动力存在，农产品相对价格和工资水平保持固定不变，这时，农产品相对价格为常数 γ_0，因此有

$$\alpha_t = \frac{A\gamma_0 + a'\gamma_0\rho K_t}{A\gamma_0 + mK_t}$$

$$\frac{\mathrm{d}\alpha_t}{\mathrm{d}K_t} = \frac{\gamma_0 A(-m + a'\gamma_0\rho)}{A\gamma_0 + mK_t} \tag{4.46}$$

因为产生投资的前提条件为 $i = m - a'\gamma\rho > 0$，所以有

$$\frac{\mathrm{d}\alpha_t}{\mathrm{d}K_t}=\frac{\gamma_0 A(-m+a'\gamma_0\rho)}{A\gamma_0+mK_t}<0$$

由生产函数的假设可知，在经济增长的过程中，必然伴随着资本数量 K_t 的增加。从低收入人口在现代工业部门的工资收入 $a'\gamma_t\rho K_t$ 可知，随着资本 K_t 的增加，低收入群体的绝对收入在增加，但是在国民收入中所占的份额逐渐降低。可见，在剩余劳动力存在以及低收入群体没有达到自发消费点的情况下，低收入群体的收入随着经济的增长，绝对量在增加，但相对份额将随经济的增长而降低，即收入差距在随着经济增长而恶化。

在 $\alpha_t=\dfrac{A\gamma_0+a'\gamma_0\rho K_t}{A\gamma_0+mK_t}$ 中，α_t 与 K_t 的关系如图 4.16 所示。

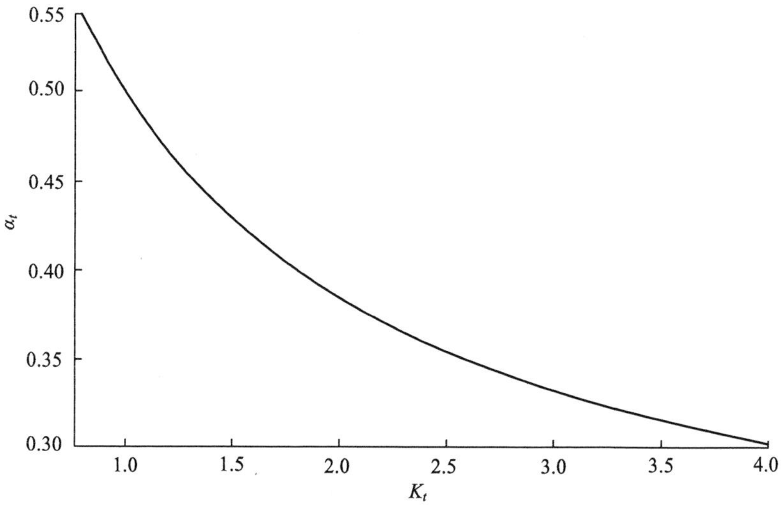

图 4.16 过剩劳动力存在时 α_t 与 K_t 变动示意图

在剩余劳动力被现代工业部门吸收完毕后，由于需要资本对劳动的替代才能保证农产品的固定产出水平，使得农产品相对价格上升，使劳动力到现代工业部门就业的工资上升，这时，农产品相对价格为一个变量，而非过剩阶段的固定水平。

$$\alpha_t=\frac{A\gamma_x+a'\gamma_x\rho K_t}{A\gamma_x+mK_t} \tag{4.47}$$

将 $\gamma_x=\dfrac{L_M a\gamma_0+Lz}{L_M a}$［式（4.29）］、$L=\rho K$ 代入式（4.47），将式（4.47）变形为只含有资本变量 K 的表达式：

$$\alpha_t = \frac{(L_M a\gamma_0 + z\rho K)(A + a'\rho K)}{(Az\rho + maL_M)K + a\gamma_0 AL_M} \tag{4.48}$$

式（4.48）中的分子为资本 K 的二次三项式，分母为资本 K 的一次二项式，相除以后的最终形式为

$$\alpha_t = c_1 K + c_2 + \frac{c_3}{K}$$

式中，c_1、c_2、c_3 为大于 0 的常数。

此时 α_t 与 K_t 的关系如图 4.17 所示。

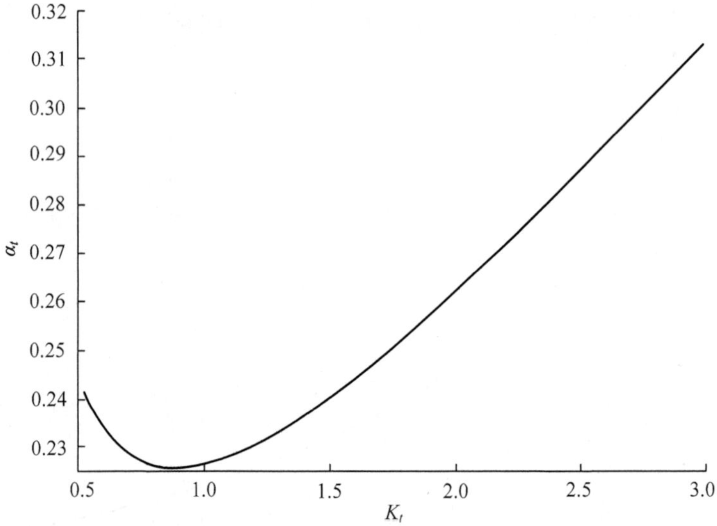

图 4.17　过剩劳动力消失后 α_t 与 K_t 的变动示意图

α_t 的值随着资本 K 的增加而增加，可见低收入群体在剩余劳动力被吸收完毕后，所得到的总收入在国民收入中所占的份额将逐渐增加，即劳动力拐点到来以后，收入差距将随着经济的增长而改善。可见，转型经济体中倒“U”形收入差距曲线能否出现，主要取决于劳动力拐点能否顺利来到。如果在转型过程中，资方同劳方的收入分配出现严重失衡，可能会使经济陷入两极分化的陷阱，收入差距在恶化的过程中出现经济停滞，收入差距的倒“U”形曲线的下降部分就不会出现。

上面从经济增长的动态过程中分析了劳动力拐点和收入-消费曲线的拐点两个维度的各种组合情况。从上面的分析中可以看出，如果劳动力拐点在自发性消费拐点以前到来，经济增长的速度产生一个断点后会逐渐下降，然后随着自发性消费的结束，储蓄增加，增长率曲线再次出现上升趋势；如果劳动力拐点在自发性消费拐点以后到来，经济增长产生一个跃迁断点后，仍然会继续增长，除断点

以外，始终呈一种上升的趋势。可见，生产函数在只有资本和劳动力两种要素的情况下，如果高收入群体的消费具有非餍足性，没有有效需求的制约，经济存在着两种情况，即持续增长或经济增长停滞，其条件是在劳动力过剩消失后曲线向下延伸、没有和横轴交叉之前，低收入群体是否出现储蓄。如果没有出现，始终处于消费等于收入的状态，则经济增长率将一直降低至 0 成为一个稳定均衡点；否则经济增长率将再次回升，只要没有有效需求的制约，正如哈罗德-多马模型一样，将逐渐以一个稳定的增长率持续增长。另外，在二元经济的转型过程中，在增长的初始阶段，收入差距将随着经济的增长不断恶化，但一旦农业中的剩余劳动力被现代工业部门吸收完毕，在其他外生条件不变的前提下，收入差距将会逐步缩小，这从理论上验证了库兹涅茨收入差距的倒“U”形假说。但是从中可以看出，这种收入差距先拉大后减小的倒“U”形曲线又不一定成立。在剩余劳动力的数量足够大、可供消费的产品种类足够少（饱和消费量少）、资本利润率水平足够高等条件下，劳动力转移完毕的时间没有到来之前，高收入群体的消费先达到饱和，如果没有信用借贷或是金融体系不完善，或是供资本扩张的市场范围有限，经济将会因为有效消费需求的制约而停止增长，这样就没有经历收入差距缩小的过程，使得倒“U”形假说不成立。

第五章 餍足性假设对经济现象的解释

第一节　餍足性假设下的宏观经济运行

在前面的章节中，由于在分析问题时同时考虑了社会经济的供给层面和需求层面，即使采用最为简单的线性里昂惕夫生产函数，模型的求解有时也还是出现比较复杂的方程，给求解带来较大的困难。将函数拟合为线性函数后，又带来新的问题，即中间会出现几个拐点，在多个维度情况下即使是非常少的几个拐点的组合，也会给问题的清晰表述带来困难。因此，下面继续用一个类似于计算机逻辑程序图（图 5.1）对餍足性假设下宏观经济的运行做一个简单的总结。

在图 5.1 中，菱形四边形表示发生判断：如果判断的结果为是，则执行 Y 出口方向的下一步指令；如果判断结果为否，则顺着 N 的方向到下一个指令。矩形方框为描述性说明，其中深色的矩形框（供给制约型停滞，需求制约型停滞）表示进入稳态的均衡。图 5.1 中总共有 128（2^7）种可能的路径运行方式，但是最终的结局只有三种：第一种是始终处于循环运行之中，每经过一个循环，净投资得到增加，经济处于不断增长之中，余下的两种都会陷入经济停滞状态；第二种是因为需求制约而停滞；第三种是供给制约型停滞（资源或劳动要素提供方收入分配占比较高或税负过高导致利润枯竭式停滞）。其中，需求制约型停滞是资本持有人在收入分配中所得份额过多，最终消费有限造成；供给制约型停滞是资本以外的其他生产要素的分配所得过多而造成。

下面以其中的一种路径为例进行描述。

假若以判断（1）作为起点：资源是否丰裕，即资源相对价格有没有提高？如果为是，顺着 Y 方向执行下一步判断（2），即劳动力是否过剩，意味着劳动的相对价格有没有提升？判断（1）和判断（2）是“and”的逻辑关系，只有同时满足，才会进入下一个判断（3），即高收入群体的消费是否饱和？如果结果为是，进入下一个判断（4），即是否因为创新、宏观调控、净出口、借贷消费、收入分配改

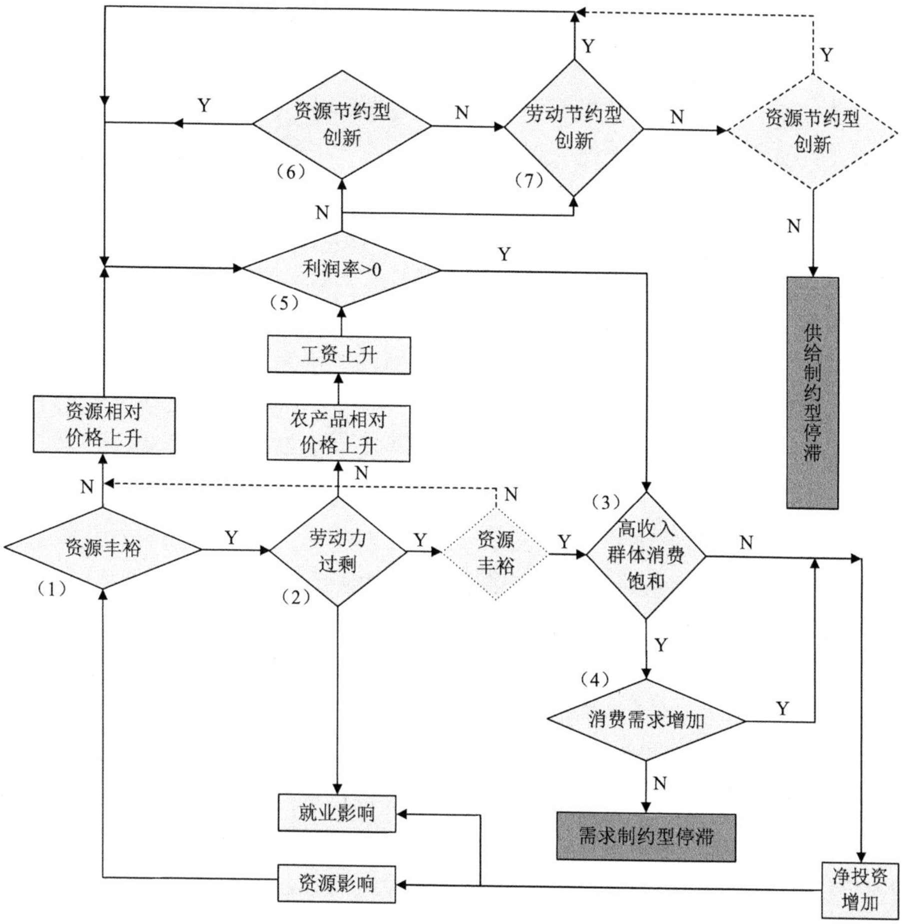

图 5.1　宏观经济运行示意图

善等增加了有效需求？如果得到增加，将会使投资进一步增加，引起资源和劳动力需求的变动，进入下一个循环。如果最后一个判断（4）中，有效需求没有得到增加，经济将会由于需求制约而停滞，这时只有重置投资，没有新增投资，除重置投资以外，所有的生产产出全部用来消费，达到一个均衡状态。如果判断（1）的回答为否，在市场经济条件下，资源相对价格将上涨，这时进入判断（5），即投资是否存在净利润？如果答案为是，将进入判断（3），重复刚才的判断（3）和判断（4），如果判断（5）的答案为否，下一步将进入判断（6）或判断（7），此二者为逻辑符号“or”的关系，二者中任何一个回答为是，又将回到判断（5），比较此项创新有没有带来利润？如果回答依然为否，将接着上面的步骤，如果上面的两个判断皆为否定回答，经济将陷入利润枯竭式停滞，没有新增投资。只有（1）、（2）、（6）、（7）四个判断中任意一个或多个发生改变，最终使判断（5）的答案为是，才会打破经济中的供给式约束。

值得说明的是，上面的两个经济增长停滞的状态都具有稳定性，仅从生产供给的一面来看，其中利润枯竭式停滞具有自动稳定的功能，在不考虑需求时，在均衡点上，如果发生扰动，使产出大于均衡点产出，这时会因为资源要素价格的上涨使利润降低，投资相应减少，向均衡点恢复；相反，如果产出水平小于均衡水平，这时要素的价格还会使厂商产生利润，使投资继续增加，增加的过程也是要素价格上升的过程，同样会使之向均衡靠拢。

需求制约型的经济停滞同样具备自动恢复的功能，如果经济出现了供给大于需求，假设判断（1）和判断（2）的回答皆为是，进入判断（3），如果判断（3）和判断（4）的回答同样为是，这时经济进入需求制约型停滞，没有新增投资，经济停止增长，就业水平下降带来以工资为收入来源的劳动者收入降低，消费倾向很高的工资型消费者将减少消费，导致有效需求的消费进一步收缩，在经济停滞的陷阱中陷得更深，产生恶性循环式下降。这对应着经济的萧条阶段，经济增长率为负，就业下降。但是这种收缩是否会无止境地一直向下呢？根据前面的推导，这种因为需求导致的下降，是一种渐进收敛式下降，最终会无限靠近均衡水平，达到一种稳态。如果没有创新带来新产品种类的增加或产品质量改进带来的设备更新换代，也没有任何刺激需求的措施被有效实施，经济将持续维持在这个状态。这个时候，整个经济依靠资本持有人的饱和消费以及资本的折旧补偿来使经济维持在一个恒定的水平上，资本的重置投资将维持在这样一个数量：刚好使资本的产出为高收入群体的饱和消费、低收入群体的工资消费、维持资本存量不变的重置投资三者之和。所有的产出为消费与重置投资之和，没有新增投资，使经济维持在这样一个均衡水平上，直到出现新的变化。如果出现新产品的创新，高收入群体在原先的饱和消费基础上，会产生新的需求，新的需求又会带动这种新产品的投资需求，使有效需求扩大，至此，停滞均衡被打破。这时候，投资的增加带来就业的增加，就业增加又带来收入的增加，收入的增加又带来低收入群体的消费增加，有效需求进一步扩大，进入新一轮的扩张循环之中。

第二节　餍足性假设下经济运行框架以及对经济现象的解释

一、餍足性假设理论的通俗解释

从前面各章节的分析中可以看出，在消费餍足性假设下，当出现有效需求不足时需要改善收入分配的逻辑：从静态观点来看，如果收入分配不当，高收入阶层由于消费餍足性，其消费需求具有饱和点，低收入阶层由于收入有限，其消费需求受到限制，二者共同造成有效需求中的消费需求不足，消费需求不足后的投资需求在投资迂回生产中可以增加低收入群体的收入，进而增加消费需求，该消费需求的生产过程中又可以增加低收入群体的收入……虽然这种循环反馈式增加是无限延续的，但是这种增加过程是一种衰减式收敛过程，使总需求的增加有限，因此高收入群体的消费餍足性与低收入群体的收入的有限性共同成为制约经济增长的需求方面的因素。

从动态的观点来看，生产力在每一个产生进步的过程中，产出效率得到增加，同样的劳动付出会产生一个实物财富增量，但对这个财富增量进行货币形式分配时，对劳动者只需要付出稍高于过去低效率生产方式的劳动报酬，结果是大部分由于生产力进步而带来的增量财富被高收入群体所获得。如果消费没有餍足性，高收入者所分配的增量实物财富能够全部被消费或投资，劳动者在生产这些财富的过程中，也会得到自己相应的劳动报酬份额，整个经济能够持续运转下去；但是在餍足性假设下，高收入者所得到的实物财富不能被全部消费，只能进行投资或储蓄。如果是投资，根据前面的静态分析，在不改变既有的分配状况下，带来的消费需求依然会有限，投资带来的供需矛盾在将来会更加突出，投资形成的产能超过有效需求，是一种“错误”的投资，这种“错误”投资，将会给金融体系带来风险；如果是高收入者对消费不了的财富进行货币储蓄，信用货币是一种债权，必定对应着相应的债务，超过流通需要的货币储蓄规模越大，信用借贷规模也就越大，相应的信用风险同样越大。

在西方工业革命以前，生产力水平相对于可供消费的物质产品种类和数量而言，从总体来说处于不发达阶段，经济中主要面临的问题是生产能力的问题，即使在某些土地肥沃、气候适宜、产出丰裕的地方出现某些产品种类的生产过剩。在出现产品过剩以后，生产者会根据自己的真实需求自动调节生产供给和消费二者之间的比例关系，不会继续大规模扩大自己的生产，无限增加自己的实物产品储蓄。因为当时所处的时代基本上是一种自给自足的自然经济，产业链条短，迂回生产程度低，且没有现代这样发达的金融体系，不存在大规模的信用借贷，因此不会出现因为投资失误或因借贷消费违约引起的大规模经济危机。

工业革命发生以后，机器生产带来生产力的大规模提高，在无餍足性假设下，工业产品产量的提高，应该会使消费者不断增加对商品的消费。但是过去出现过的重商主义时代告诉我们，人们在物质产品增加以后，并不是因为当期的消费无限而扩大生产，而是因为希望对金银等货币财富的拥有来满足将来对物质财富的消费和对财富的无限渴望而扩大生产。

在社会化大生产中，由于分工和专业化，社会化生产参与者专业生产自己的产品供自己消费和换取别人专业生产的产品，随着交易范围的扩大和品种的增多，交易中如果用实物产品直接从事交换，人们会根据自己的实际需求调整生产规模，同样不会有经济危机的出现，但是这种实物交换会产生大量的交易成本，以至于产生了货币，用其来充当一般的交易媒介。有了货币这个媒介充当一般等价物后，再也不是货物和货物的直接交换，这时，在正常情况下，货币可以代表社会一切流通着的商品，致使人们经常忘了货币只是方便实物财富交易的工具和形式。

有了货币之后，我们再来看萨伊的供给自行创造需求理论。按照萨伊的理解，每个人进行生产是为了换回自己想要的产品。可是，在餍足性假设下，个人的物质消费是有限的，在自己的消费需求没有得到满足以前，卖出去的产品会产生一个相应的购买行为，在自己当期的物质消费得到满足以后，生产者并不会停止生产，而是会继续生产自己的产品以便将来能换回以后各期的自己需要的产品。如果人们都愿意持有自己将来要消费的实物产品，这种物物交换是有可能全部得到实现的，供给确实将会创造自己的需求，萨伊定理在这种情况下是成立的。在生产能力提高以后，一般情况下（没有货币贬值），高收入者都是用货币来代替储存商品，这是因为，实物商品会有折旧，包括物理折旧和精神折旧，同时，储存实物需要付出仓储费用，而储蓄货币不仅几乎不需要仓储费用，还可能获得利息。高收入者都意图储蓄货币而不愿储蓄实物，在没有足够的投资机会时，从宏观上来看，就是产品不能在市场上实现由实物到货币的交换，宏观表现为产品供给超过了当期的消费需求。如果不选择储蓄而选择投资，在既定分配比例下，投资给低收入群体带来的收入增加是有限的，低收入者因为投资带来的消费需求增加同投资增加的产能相比照样是有效需求不足。如果在投资过程中出现产能的相对过剩，就容易出现半拉子工程，给金融体系带来风险；即使没有出现半拉子工程，而是在新一轮投资完成后集中出现产能过剩，也会使投资项目遇到市场需求问题而成为一种失败投资。

在上面对储蓄的描述中，人们都想拥有货币而不愿进行实物产品的储蓄会造成产品到货币的难以实现。在历史上以金银等金属为货币的时期，确实发生过因为金银等贵重金属的产量不能满足社会的需要而导致通货紧缩，以至于在重商主义时代，人们认为财富即是金银，金银即是财富。在社会金融体系发达以后，货币作为实物财富的等同符号，这时才将实物财富交换成货币进行储蓄，同时也有大量的投资者在投资时将货币财富交换成实物产品来满足投资建设时对物质产品的消费。在这种情况下，只要有足够的市场空间，投资就能产生相应的回报，储蓄和投资相得益彰，均能达到自己的愿望，在既定分配格局下，社会经济能够顺利持续下去。

这种储蓄和投资的过程，也就是新发明的先进生产力不断取代落后生产力的过程，但任何一个国家或地区，其市场是有一定的容量的，当这种先进生产力在已有市场遇到有效需求问题时，这种投资将失去合理的回报，这时这种先进生产力带来物质产品的增加，即使在发达的金融体系下，也会面临着产品到货币的交换困难，这时，资本寻找新的市场，向其他国家或地区输出资本或产能是一种常用的解决过剩的手段，只要相对过剩转移能顺利实现，即使不改变收入分配状况，也能使社会经济顺利运转。

当然，如果在既定市场不能完成产品到货币的交换，也没有新的市场可以进行扩张，这时如果有更加先进的生产技术（即技术创新或产品创新）出现，也能化解这种危机。当有技术创新出现时，先进技术有着更高的投入产出比，资本的逐利性将使人们争先恐后地对落后技术设备进行升级换代，这种因投资带来的需求也能使经济顺利运转，但是这种仅仅由技术进步带来的需求增加并不能长时间持续下去，因为产生的技术进步在长期并不能拉动最终消费需求，当设备的更新换代完成以后，这种投资需求拉动不久即趋于结束，经济增长又将趋于停滞。如果创新是新产品创新，则将增加高收入群体的最终需求，使国民经济水平提高到一个新的层次，虽然最终经济增长还是会趋于停滞，但会产生一个水平值的提高。在消费餍足性假设下，当出现在既定分配格局下因需求不足导致的经济增长停滞时，只要不断地有新技术或新产品出现，经济仍然会持续增长下去。

上面的逻辑解释可能比较抽象，可以通过假想一个最简单的社会来说明其中的道理。在这个社会中只有一种产品——粮食，两个生产者——甲和乙。甲和乙分别以种粮食为生，刚开始两人均为手工劳作，劳动强度大但生产效率极低（假设年产量为 200 千克），生产出的粮食只能勉强维持生存。后来一个偶然的机会，甲掌握了一种新的生产工具（如锄头），能够很大程度上减轻劳动强度和提高生产率，甲利用这个先进的生产工具开辟了更多的耕地，年产量达到 1000 千克，劳动强度也得到降低。但实际上甲根本就消费不了这么多的粮食，于是甲和乙达成合作协议，让乙利用甲的先进生产工具和土地来生产粮食，条件是乙每年为甲生产出 1000 千克粮食，乙的报酬是 250 千克/年（1∶3 的分配比例）。这个报酬虽然只能让乙仍然处在一种半饥饿状态，但是对于手工劳动来说是一种改善：不仅年收成增加，劳动强度也得到降低。对甲来说，自己可以一天什么都不用干，就可以得到 750 千克/年的粮食产出，一年的消费只需要 300 千克，每年还有 450 千克粮食的储蓄。按照上述协议，双方进行合作，对双方都是一种改善。这种合作进行了几年后，甲会因为粮食储备已经达到一个很大的数量，霉变和鼠害给甲带来了很大的损失。在没有其他的消费品可供交换的情况下，甲要求乙一年只用生产 500 千克粮食，相应的报酬也下降为 150 千克/年。这时，因为甲的需求饱和将对乙产生危机，不能使其充分就业或回归到自给自足的自然经济状态。

从上面这个简化的模型中可以看到，如果甲对粮食的消费没有餍足性，这种双方满意的社会合作生产方式将一直持续下去，社会经济能够顺利运转，但在消费具有餍足性的条件下，如果不改变这个分配比例，最终会因为分配中占主导地位的甲削减生产给社会带来危机。在消费具有餍足性的条件下，如果甲、乙之间改变分配比例，如由原来的 3∶1 变成 2∶2，这个危机将被解除。

在这个假想的例子中，如果出现第三者丙，丙手中持有钻石，想用钻石向甲交换粮食，并向甲允诺任何时候都可以以相同的比例换回粮食。钻石本身对甲并没有什么用处，但是如果甲通过储蓄钻石来代替储蓄粮食，可以避免储蓄粮食时的自然损失。只要甲相信丙承诺的自己持有的钻石始终能换回固定比例诺言的粮食，甲就会一直增加钻石的储蓄，这样甲、乙两人将继续沿着双方满意的方式运转下去。

丙的这种诺言能不能长久地兑现，取决于丙将甲多余的粮食换去后做什么用，如果仍然是将换取的实物产品进行储存，这种诺言必然难以实现，因为丙的储存依然会有自然损耗。假如在另一个地区还是低生产率方式，用先进生产方式来替代原先的低效生产方式需要粮食产品的投入，丙如果将甲消费不了的粮食作为这种资本性投入，以将来高效的生产产出来作为回报，这样才能保证这种诺言的兑现。但是在新的生产方式得到普及以后，如果同样以差距较大的分配方式对增量财富进行分配，这些地区同样会面临同甲、乙组成的两人社会一样的难题。

这种资本输出的方式作为过剩危机的解决手段，需要有生产力相对落后的地区存在。如果已经没有市场可供资本输出扩张，假设这时出现一种更高效的生产工具，需要耗费粮食才能被生产出来，甲为了生产效率更高的新设备，对粮食有了新的需求，乙又能因为这种新工具的出现重新充分就业。但是这种充分就业的好日子不会长久，一旦甲将效率更高的新工具生产出来，在餍足性假设下，乙就会因为新工具的高效率而面临更糟糕的就业形势。

如果创新是新的消费品出现，如发现猪肉可以作为一种新的消费品，这时会让甲的效用出现净增加。新消费品的出现对乙并没有直接的影响，猪肉需要消耗粮食来转化，乙有限的收入使他只能在猪肉消费和粮食消费的收入约束曲线上作出选择。但是甲增加猪肉的消费而引起作为饲料的粮食耗费增加，会使乙的就业状况得到改善，因此新的消费品的出现也可以化解这种过剩危机。如果甲对猪肉的饱和消费量导致耗费的粮食投入数量超过了 350 千克，这时这个微型社会遇到的问题将由生产相对过剩问题转化为生产能力不足的问题，甲也将面临猪肉、粮食以及自己是否继续休闲的选择。如果生产效率保持在这个水平不上升，乙不会再受到就业问题的困扰。在生产能力相对不足、生产效率不能提高的情况下，即使有新的消费品种类出现，也无助于社会总效用的增加。

解决这种因为相对过剩引起的社会经济危机其实还有很多手段。例如，假设甲的仓库意外着火，粮食储备被烧毁，甲在重新进行粮食储备的过程中，乙的就业问题会得到解决；或者乙掌握了一种美妙的按摩术，甲享受乙的服务须向乙支付额外的报酬，同样也解决了危机；或者甲将多余的粮食借贷给乙或其他地区的消费者，经济也能短期顺利运转；甲如果坚信钻石就是财富，乙在不能充分就业的时候去挖钻石以换取甲消费不了的粮食，这些都能暂时解决相对过剩的问题。

在中国有句“年年有余”的祝福语，可见剩余的存在并不是坏事。不管哪个时代、哪个国家，其实不是害怕过剩本身，而是害怕因过剩生产企业停产、减产带来的失业。这里的剩余是一种相对过剩，相对过剩的问题是因为存在着贫富差距。如果低收入者也存在剩余，过剩就不成为问题，而是一种利于抵抗风险的储备。

本书的动态模型是以农-工转型为例说明生产力发生变革时，对增量财富的分配过程中不可避免地会出现收入差距。其实不止农-工转型是这样，任何生产力的进步给社会带来的生产效率的提高，都将涉及对这种因为生产力变革带来的增量财富如何进行恰当分配的问题。在这个分配过程中，可以说存在着一个悖论：如果劳方分配过多，正如刘易斯所担心的那样，将影响生产力升级中必需的资本积累，会延缓甚至中断这种变革的进程；如果资方分配过多，必将对应劳方分配过少，生产力变革引起的生产率提高带来物质消费品的生产能力的增加，在消费餍足性假设下，劳方因分配过少使消费需求有限，同样可能致使这种转型或变革难以顺利完成。增长和分配的这种关系可以用“做大蛋糕和分配蛋糕”来类比：收入不平等、财富集中便于资本积累，能使“蛋糕做大”；但在要素边际贡献分配理论的“蛋糕分配”法则下，收入不平等、财富集中的加剧却又使“蛋糕”不能做得过大，否则就会造成“富人想吃吃不下、穷人想吃吃不着”而“浪费”的局面。

对这种增量财富分配既不能过多分配给资方，也不能过多分配给劳方，理论上必然存在一个最合适的分配比例。如果将上面的问题转化为一个经济学中的动态最优化问题，增量财富的分配比例就是这个问题的控制变量，生产力变革过程中总产出达到最大，成为其目标泛函，据此求出分配变量的路径。但是现实社会远比这个简单的假想社会要复杂，广泛的地域、消费品种类的繁多、生产过程的复杂迂回以及政策对经济的影响，这些各种各样的复杂现象交织叠加在一起，互相影响，使得模型模拟特别困难，几乎不能事先找出一种最优分配路径。既然不能事先找到这个对由于生产力变革带来的增量财富的最优分配办法，就只能通过事后收入再分配手段来对这种差异进行调节和弥补。这说明在一个内需存在不足的国家或地区，用财税手段来调节收入差距在理论上是有必要的，不仅是道德的需要，而且是社会经济持续顺利运转的需要。

二、餍足性假设对经济危机的解释

在19世纪的上半叶，美国分别于1819年和1837年发生了两次危机，英国发生了4次（1815年、1825年、1836年、1847年）。19世纪下半叶，危机爆发的次数增加且程度加深，美国发生了5次（1857年、1861年、1867年、1873年、1884年），英国有6次（1857年、1860年、1866年、1882年、1890年、1900年）。到了20世纪，形势更加严峻，30年代出现的大萧条使这种持续发生的危机达到了顶峰。这次危机更是几乎影响了整个资本主义国家，以美国为例，1929—1932年，超过85 000家公司破产，5000多家银行停止营业，失业人口达到1200万，约1/4的人口无法继续养活自己。在2007年的次贷引发的危机中，美国2008年已有12家地方银行宣布倒闭，如果不是政府及时出手，将遭遇严重的银行倒闭破产潮。即使政府采取了措施，金融系统危机的波及范围还是扩散到全球，金融市场的不景气迅速传导并使全球主要经济体经济出现下滑。次贷危机发生后，美国GDP增长率从2008年第三季度的4.8%骤降至第四季度的-0.2%和2009年第一季度的0.9%。

任何一个经济学者都不应该回避这个问题：自然资源仍然如以前一样丰富，国家仍然拥有那么多的工厂、设备、机器，人们仍然具有同样的技术并更加渴望工作，是什么原因使商品和服务的生产骤然下降？

通过危机发生前各种数据的对比，美国社会学家Saez和Zucaman（2016）发现了1929年危机与2007—2008年危机发生前的某些惊人相似：1928年，美国10%最高收入的家庭获得整个国家收入的49.29%，而2007年，这一幅度又创了49.47%的新高；1928年，1%最高收入家庭获得整个国家总收入的23.94%，而2007年这一占比又达到23.5%。这个现象引起了美国学者（包括经济学家、法学家、社会学家和政治学家）的重视，越来越多的学者相信，收入差距扩大引起的失衡就是美国金融危机的根源。

Saez和Zucaman根据从美国联邦税务部门获得的数据研究发现，伴随20世纪90年代到2007年美国经济的持续增长，美国收入差距也在急剧扩大，增长所带来的收入绝大部分被1%收入最高的美国家庭分享了。美国1%收入最高家庭的收入（通货膨胀调整后）增长比其余99%的美国家庭要快10倍。研究还发现，2007年，美国0.1%收入最高的人获得了美国工资收入总额的6%，其所占份额自2000年以来翻了一番。在2007年，10%收入最高的美国阶层获得了美国全部工资总收入的49.7%，比1917年以来的任何一年都高，甚至超过了1928年。从收入增量部分来看，1%收入最高的人拿走经济总的收入增长中的52%，其余99%的美国人的收入在1993—2000年每年都以固定2.7%的增幅增长；而在2002—2007年，收入增长就下降到 1.3%。据此推算，在 2002—2007 年经济增长期间，1%收入最高的阶层获得了收入增长的 2/3，这比自 1928 年以来任何时候都要高。

研究经济和政策历史的哈佛大学莫斯教授试图考察收入差距与金融危机之间的关系。他绘制了美国历史上收入差距扩大走势和银行倒闭与金融监管演变的两个曲线图，他非常惊讶地发现，二者波动在时间区间是同步的，即当收入差距扩大时，政府监管放松，银行倒闭上升。莫斯认为，金融放松监管、收入分配不均衡和金融行业不稳定之间一定存在某种因果关系。

在第三章讨论需求约束制约下如何增加国民收入的途径中，分析了在高收入群体达到饱和消费后，依靠借贷消费能有效地提高经济均衡点水平，这个过程即是一个经济增长的过程，只要借贷能始终持续增长，经济就能在一定范围内一直保持增长，但是借贷不可能没有限度。这两次危机虽然表现形式不一样，但是都可以用餍足性假设下收入分配与经济增长的关系来解释。两次危机前，都有一个社会财富集中于少数富人手中的过程，贫富差距拉大，使得社会的有效消费需求不足，高收入群体超过自己消费的闲钱继续在寻求获利机会，投资需求最终决定于社会的消费需求。在有效消费需求不足时，20 世纪 30 年代这种闲钱的主要去处是投资到一种“错误”的投资上（最终有效消费需求不足），但 2007 年的危机则是表现为一种“错误”的借给低收入者消费。在这种“错误”的投资或借贷消费中，还有一个区别是在 30 年代的危机中，是大量股民自己“不负责任”的“错误”投资最终导致了金融市场的崩溃；在 2007 年的次贷危机中，是“不负责任”的金融从业者导致了危机。2007 年危机爆发以前，从消费层面看，中低收入家庭开始更多依靠负债来生活。美国的家庭负债从 20 世纪 80 年代初占 GDP 的 48%，上升到了危机前占 GDP 的 100%。这让各个利益集团都皆大欢喜，高收入阶层和金融行业的钱找到了出路，中低收入者能够消费所有富人消费的好东西，分享了经济增长所带来的好处，缓解了收入差距扩大和贫富分化引起的冲突，无节制负债消费创造了这个在收入分配悬殊下本不应该到来的虚假繁荣，但它是不可持续的，一旦中低收入借款人破产违约，整个体系就坍塌了。如果社会上的高收入群体都保持谨慎，既没有“错误”的投资，也没有“错误”的信用借贷，就没有经济危机的发生，只是经济会维持在一个均衡水平上，没有经济增长，直到有新的创新来打破这种均衡。

美国金融危机爆发之后，美国财政部申请了 7000 亿美元财政资金，采用政府股权投资的方式，强行入股当时处于风暴中的大型金融企业（主要包括美国国际集团、花旗银行、富国银行、高盛、摩根士丹利等），保证这些大型金融机构暂时的资金支付不会产生问题。再就是将高盛和摩根士丹利这样的投资银行变身为商业银行，以便它们可以同摩根大通、花旗银行、美洲银行、富国银行一样，随时向美联储申请资金援助，确保危急时刻的资金融通不出问题。

再就是更改会计准则，改变以前依据市场价值估值的方式，在做资产抵押时可以按照购买时的价值来估值。另外，美联储宣布实施大规模的量化宽松（quantitative easing，QE），为市场提供足够的资金。被冰冻的社会信用终于得以解冻，金融体系得以复活。美国股市开启了 2009 年到 2019 年长达 10 年的牛市。

美国 2008—2020 年的经济增长率如图 5.2 所示。

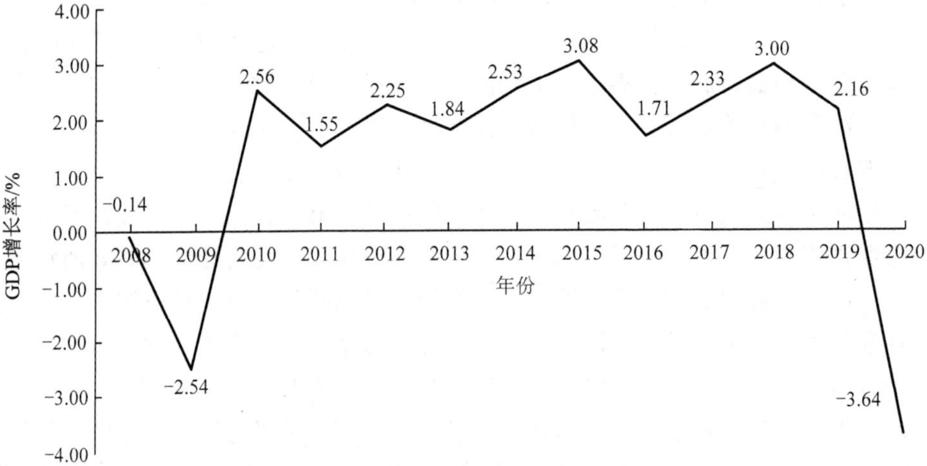

图 5.2 美国 2008—2020 年的经济增长率

三、餍足性假设对中国经济增长的解释

对于中国这样的人口众多但土地资源又非常有限的大国，通过第四章中对更容易出现贫富两极分化的影响因素分析得出：一个国家相对过剩的人口规模越大，在农业国转型到现代工业国的过程中，越容易出现更大的收入差距，而过大的收入差距则更容易出现对现代工业品需求不足的现象，更容易落入这种需求制约式陷阱。改革开放之前，在公有制经济中，农业人口由于被严格的户口和粮食供应制度锁定在农村社会，在农业中存在大量的过剩劳动人口。改革开放后，农村的包产到户政策激发了人们的劳动积极性，可是由于可耕土地数量极为有限，农民的收入水平受到土地数量的限制，无法有根本性的提高。这样，农业人口出外务工，机会成本如果不计算自己的体力付出近乎为 0，所以，中国的现代工业部门的发展是在极低的工资成本下开始起步的。极端低廉的工资成本、现代工业技术带来的高效率、政府对资源价格的低价控制，同时城市存在的相对高收入阶层对消费品的需求，这些条件的组合，给中国经济的高速增长创造了有利的条件，使

中国经济长期得以高速持续增长。但是在中国的农-工转型过程中，由于剩余劳动力规模太大，在中国的高速发展中，工资水平多年维持在极低的水平，逐渐累积的产能使国内无法消化；同时，由于融入国际分工的必要，在20世纪90年代中后期，中国的出口渐渐成为有效需求的重要组成部分之一。

在20世纪90年代末期，接连发生的亚洲金融危机使东南亚的金融受到打击，这些国家的货币贬值给中国的出口带来了很大影响，出口的剧减使中国首次面临了有效需求的问题，市场由原来的卖方市场短时期转化为买方市场。在这种经济背景下，中国首次运用了西部大开发这种需求管理政策，成功地避免了经济由于需求的不足而带来的影响，使中国经济的增长速度依然维持在6%以上的较高水平。在这轮基础设施投资中，能矿丰裕的西部和东部之间的运输障碍和成本下降，进一步提高了社会的生产能力，相对过剩的矛盾加大。但是，2001年中国加入世界贸易组织，成功地化解了这个矛盾，中国低廉的劳动力价格使中国的产品在国际市场上具有很强的竞争力，加上汇率的管制，贸易顺差逐渐膨胀。正是由于中国劳动力工资被大量剩余劳动力蓄水池锁定在极低的水平，中国的相对贫富差距在经济增长的过程中越来越大。收入差距的扩大之所以没有出现明显的需求制约，是因为在存在巨大顺差的情况下，国外借贷消费形成的国外需求顶替了国内收入差距导致的有效需求不足，有效需求不足得到补偿替代而被掩盖。

2007年美国次贷危机突然爆发，迅速影响全球市场对中国产品的需求，使得中国的出口订单大量减少，有效需求问题再一次因为国际经济的影响不期而至。有效需求的问题导致了中国政府紧急出台一揽子计划，再一次实施了需求管理政策，并在短期收到了明显的效果，避免了经济的突然衰退，当年的经济增长率保持在9.4%。

作为一个地域和人口大国，收入差距是中国有效需求不足的主要原因之一，社会上要求改革收入分配的呼声越来越高。总的来说，需求不足的问题只可能有两种解决思路，即减少供给或增加需求。减少供给意味着生产力的退步和经济的衰退，经济循环系统会因为这种生产缩减带来更为严重的需求不足，这是人们不愿看到的。增加需求无外乎增加消费需求或投资需求。增加消费需求在高收入群体具有消费餍足性假设下，只有增加中低收入群体的消费，而这类人消费的约束主要是收入约束；增加投资需求，如果在投资的过程中，分配状况不能得到改变，将来的有效需求问题将更加突出。因此，收入分配的改善与共同富裕是经济长期持续健康运转的最终归宿。

通过增加消费需求来增加总需求需要改善收入分配，这会对高收入群体利益产生直接影响，相对于通过增加投资需求来增加总需求，遇到的阻力要大得多。自凯恩斯时代以来，很多国家在经济遇到危机之时，采用增加政府投资伴随着宽松货币政策来予以应对，中国在面临两次国际危机时也不例外。但这样的政策在长期能否达到期望的效果呢？

在研究具体问题之前，首先分析理性人如何在实物资产和货币资产之间进行选择的问题。根据美国经济学家马克威茨（2000）的资产组合选择理论，投资的资产可分为安全性资产和风险性资产两大类。然后确定投资比例，再根据风险大小把风险资产划分为两类，确定各类资产的投资比例，形成一个投资组合，使其收益最大而风险最小。

依据新古典凯恩斯主义理论，在有效需求不足时，从生产投资的角度来看，降低利率能够有效刺激投资。在IS曲线无法移动的情况下，通过扩大货币供应，使LM曲线向右移动，就可以降低利率，扩大产出水平。

依据新古典凯恩斯主义理论，从另一个角度来看，增加货币供应能让人们产生通货膨胀预期。如果发生通货膨胀，即意味着今天以货币形式存在的资产将来会贬值，在效用贴现系数不发生改变的情况下，可以诱使消费者减少储蓄，增加当期消费，从而拉动有效需求。

如果是通过增加货币供应来降低利率，使人们产生了通货膨胀预期，则在餍足性假设下，不一定会增加消费者对当期的消费。因为，在有效消费需求不足的情况下，对低收入群体来说，并不是不愿消费，而是收入水平的约束制约了其没有消费能力去消费。对收入水平高的群体来说，消费上即使存在通货膨胀预期，因为已经达到消费饱和，同样不能增加消费。即使由于强烈的通货膨胀预期使人们产生了商品抢购现象，也只是将商品的储存转到了消费者手中。对于低收入者来说，由于收入的有限性，他们只是把将来的购买力提前到了当前，在增加了当前支出的同时失去了未来的购买力。另外，在商品抢购风潮中，商品价格上升，反而使总有效需求降低（因为劳动者工资的上升往往滞后于物价的上升）。

在私人投资方面，根据资产组合选择理论，对政府增加货币投放意图降低利率的政策，资本持有人可以通过调整自己的资产组合来抵御风险和保证收益。货币资产由于通货膨胀预期，认为将会出现负收益，在这种情况下，理性的选择应该是降低货币资产数目，持有最少需要的现金，其余的投向非货币资产。在非货币资产中，还有债券、股票以及实物资产。在市场萧条期，一般股票因公司业绩前景不明，投资风险较大；债券在政府低利率的条件下，价格处在高位，风险同样较大。这时最有保障的是投资耗竭性资源。耗竭性资源具有不可再生性，不会因为价格的上涨而增加供应，在经济不景气时，由于资源的生产需求不旺盛，价格也处在较低水平上，投资在这种资产上面，能在将来起到很好的保值增值作用。

在经济萧条时，如果使用宽松货币政策来拯救经济，在理性预期的作用下，会使人们把现金资产转化为能保值增值的资源性资产（如附着在土地上面的住房、能矿等），推动资源价格加速上涨；但是这种保值增值性投资，低收入群体却由于缺乏金融腾挪手段，无法实施。相反，由于资源价格的上涨，厂商投资成本增加，最终反映到市场上的商品价格上，使低收入群体的消费品相对价格上升，减少了实际收入，拉大了贫富差距，最终增加了出现需求制约型经济停滞的可能性。

第六章 结 语

中国作为发展中大国，要解决收入分配导致的有效需求不足问题最终离不开解决剩余劳动力的就业问题。只要还有大量非自愿的失业者存在，提高普通劳动者工资在产出中的分配份额就无法通过市场手段来自发实现。前面的分析表明，影响刘易斯劳动力拐点出现的主要变量有农产品相对价格、农业过剩人口数量、资本-劳动力密集程度、资本的利润率水平以及资源要素相对价格等。其中，农业过剩人口数量是由历史原因造成的，能够从政策面施加影响的只有农产品相对价格以及投资中的资本-劳动力密集程度、利润率水平以及资源要素相对价格。

作为农产品，其价格看似由市场决定。但是，农产品是一种特殊的商品，主要粮食作物类农产品不仅需求上具有刚性，而且在供给上同样具有刚性。这是因为农业产出受到可耕土地的制约，主要农产品价格不管多高，产出不会有超出土地承载力的增加。同时，由于中国的城乡户口政策，农业人口外出务工时，其一家老小全部到务工所在地存在多方面的障碍。不能外出务工的老人、妇女和儿童留在农村，因此，不论主要农产品价格多低，都还是会在有限的土地上种植生产，主要农产品产量不会有太大数量的减少。公司型的农业产出水平会受到市场低价的影响，但中国的大型农场多属国有性质，计划色彩较浓，市场价格对其产出的影响同样不显著；即使不是国有农场，国家对基本农田也有着严格的法律约束，不能随意更改土地性质，使之对产出的影响不大。可见，农产品是一种价格弹性很小的商品。如果是因为社会收入分配恶化带来的需求型经济停滞，可以考虑通过保护收购来提高农产品的相对价格。农产品相对价格上升：一方面，直接改善收入分配；另一方面，会使进城务工人员的机会成本增加，寻找工作时要求的工资水平会上升，这样也会改善其在现代工业部门的收入分配比例。有人认为农产品的价格升高会给企业增加生产成本，成本的升高又会使非农品价格升高，对收入分配改善不起作用，因此分辨清楚经济究竟处于什么样的境况很重要。如果经济在正常持续增长过程之中，说明生产力由低到高的变革正在进行，本来就没有干预的必要；如果是需求制约型经济停滞，厂商并不是因为利润枯竭而减少投资，则此时通过提高农产品的相对价格，并不一定会带来工业品价格的上涨，使农产品价格的相对上涨成为可能。但是如果是生产供给型制约造成的经济增长停滞，采取提高农产品相对价格确实只能使问题更为糟糕，将会直接降低厂商利润水平，减少投资，影响到就业，反过来影响到劳动者的收入水平。这样既不能促进经济增长，也不能改善收入分配状况。

通过提高农产品相对价格改善收入分配，将面临同城市低收入群体生活保障的协调问题。正如托达罗模型中所描述的那样，在城市同样存在大量的剩余劳动力，但是在中国国情下，城市的失业人口主要是由于国有企业的改革，而不是托达罗所认为的那样由于期望因素。城市户口剩余劳动力的存在，使得在出现有效需求不足时，通过改变农产品相对价格作为调节收入分配的手段受到限制。如果农产品相对价格过低，就会使农业人口的收入难以改善，但是如果农产品的价格上升，又会使城市剩余劳动力的生活受到影响。因此，如果考虑到通过提升农产品价格来改善收入分配，就必须同时提高城市的最低生活保障水平。

资本-劳动力密集程度是能够间接调节收入分配的另一个措施，资本-劳动力密集程度反映在投资决策中，是偏向于资本密集型还是劳动力密集型。企业会依据资本和劳动力要素的价格来自发调整采用何种技术类型，但是非私营性质的企业在做投资决策时，可能由于其他非市场因素一味追求资本密集度高的技术类型。在前面的模型中已说明，越是采用资本密集度高的技术类型，越容易推迟劳动力拐点的到来，而劳动力拐点到来得越晚，越容易使社会经济陷入两极分化、有效需求不足的陷阱。因此，在劳动力过剩阶段，应该通过适当的投资政策，引导企业采用劳动力密集型技术。

相反，如果经济的停滞是由于供给型制约而产生的，采取上面的操作方向会影响资本的利润水平。在需求没有制约时，利润除了消费就会全部转化为投资，在消费不变的情况下，利润过低就会影响资本的积累，资本的积累又影响到对劳动力的吸收，因此，在出现供给型制约经济增长时，适合走先增长后进行分配调整的路子。当然，如果经济既没有出现有效需求不足，又没有出现利润枯竭导致的供给型不足，处在投资不断增长的循环之中，就没有调控的必要。

另一个间接调控收入分配的因素是资源要素的相对价格。资源要素包括土地、能源、矿产等。资源要素能同时影响经济的需求面和供给面。如果经济处在供给型制约停滞阶段，通过政策压低要素价格，就能直接减少厂商的生产成本，使投资增加，经济继续保持增长；如果经济处在需求型制约停滞阶段，资源价格的相对下降，就是农产品的相对价格上升，可以扩大低收入群体在同样收入水平下的消费数量，增加有效需求。如果资源属于耗竭性资源，则涉及当前消费同未来消费的效用决策，这里不予讨论。

收入分配的改善，归根结底在于结束劳动力存在非自愿失业的状况（或者是设计出一种新的针对因生产力进步带来的增量财富的分配机制）。在转型过程中，按照发达国家的农业生产效率估算，中国有接近 5 亿（2018 年数据）农民需要转移，如何吸收近 5 亿的农民融入现代产业，通过提高产出水平来提高生活水平，纵向和横向上都没有现成的实例可供参照。

通过巨额的外贸顺差、国内外长时期的基建投资、国内劳动力密集度大的房地产市场的带动，已经使工资水平近年出现了明显的相对上升，加上“十三五”规划以来的国家扶贫工程，近几年的基尼系数已经呈现缓慢下降的趋势。如果刘易斯剩余劳动力的拐点已经来临，在其他影响有效需求的因素不发生改变的情况下，这应该成为中国经济的一个分水岭，非自愿剩余劳动力的消失、扶贫工程中收入分配的改善，按照前面收入分配变化趋势的分析，意味着收入分配将会改变过去一直持续恶化的趋势，低收入群体将会由于劳动力市场价格的提高，增加劳动收入，这有利于形成供给和需求的互相促进。

当然，低收入群体收入的增加只是解决需求不足问题的必要而不充分条件，即使低收入群体的收入得到相对提高，如果刚性需求中的教育、住房、医疗开支或预防性储蓄占比过大，或者社会保障机制和体系不健全，中低收入水平群体总体会因为对未来预期的不确定性去压缩消费、进行储蓄，来应付不时之需，同样会出现有效需求不足。2020 年新冠肺炎疫情突如其来，经济的熔断使很多人一夜之间失去了收入的来源，使广大过去习惯“月光族”的 80 后、90 后对生活方式有了新的认识。如果出现失业等就意味着没有安全的社会保障体系，会使年轻一代的“月光族”转而增加储蓄、减少消费，使需求不足的问题更加突出。因此，科学建立更加全面和高水平的社会保障体系是中国经济持续健康发展的迫切要务，同时也是国民经济持续健康发展的重要组成部分。

特别值得说明的一点是：本书中所论述的改善收入分配对经济增长的促进作用一定是在有效需求不足的前提之下。什么是有效需求不足？简单通俗地说就是：从生产角度来看是产品滞销；从需求角度来看是有钱想消费但不敢消费，或者是自己想就业但不能就业，导致对厂商滞销的商品想买而没钱买。当经济处于这种有效需求不足时，从制度层面实施改善收入分配措施，促进经济循环运转，对经济增长才将会有正向影响。如果基本经济面不是有效需求不足的前提状况，在其他条件不变的情况下，调节收入分配促进消费，单就促进经济增长指标而言，依据前面的分析，此时将会是负向影响。

另外需要说明的是：

1）本书是脱离货币以相对价格来对实物产品经济进行的一种抽象分析。货币是实物经济的外在表现形式，不考虑货币固然使问题简洁直观，但是货币及其金融体系会对经济产生重要影响，本书没有对金融货币融入的经济做进一步分析。

2）讨论消费者消费和储蓄决策，以收入差距对社会进行分组时，分组越多越能准确地模拟真实社会。但本书对这种分组取了极端，只是把社会分成两个组别，即高收入组别和低收入组别，没有考虑中等收入群体。虽然这样便于清晰表述和得出结论，但这种极端的模拟方法只适合做定性分析，不适合做定量分析。

3）在研究分配对经济增长的影响时，只考虑了劳动投入和资本积累两个因素，在现实经济生活中，资源相对价格对财富分配以及经济增长有着重要影响，但本书没有将其列入模型中。

4）本书在实证上，因为是抽象分析，没有货币的实物经济运行，当今现实中不存在这样的经济体，因此书中许多结论无法用数据来验证。书中仅有的两个实证研究也因为数据的限制不得不采用了截面数据，使结论的说服力在实证方面受到影响。

参考文献

安格斯・麦迪森，2003. 世界经济千年史[M]. 伍晓鹰，许宪春，叶燕斐，等译. 北京：北京大学出版社.

庇古，2007. 福利经济学[M]. 金镝，译，北京：华夏出版社.

伯纳德・曼德维尔，2002. 蜜蜂的寓言：私人的恶德，公众的利益[M]. 肖聿，译. 北京：中国社会科学出版社.

陈端计，2001. 中国目前经济过剩运行根源新解[J]. 嘉应大学学报，19（4）：36-42.

陈淮，1998. “过剩经济：形势与对策”研讨会综述[J]. 中国工业经济（10）：78-80.

陈昆亭，周炎，2020. 防范化解系统性金融风险：西方金融经济周期理论货币政策规则分析[J]. 中国社会科学（11）：192-203.

陈丽珍，张乃平，2001. 浅析我国经济中有效供给不足与无效供给过剩[J]. 宏观经济管理（3）：48-49.

陈英，景维民，1999. 卡莱茨基经济学[M]. 太原：山西经济出版社.

大卫・李嘉图，2020. 政治经济学及赋税原理[M]. 劳英富，译. 北京：金城出版社.

代永华，2002. 中国过剩经济时期宏观失业模型和就业政策取向[J]. 广东商学院学报（5）：24-28.

党爱民，张阳武，毕亚林，2004. 过剩经济学[M]. 广州：广东经济出版社.

方齐云，1999. 工业化进程中的农业[M]. 武汉：华中理工大学出版社.

甘犁，2012. 收入不均与拉动内需[EB/OL].（2012-11-20）[2022-02-17]. http://jjckb.xinhuanet.com/opinion/2012-11/20/content_413348.htm.

戈森，1997. 人类交换规律与人类行为准则的发展[M]. 陈秀山，译. 北京：商务印书馆.

顾钰民，陈思明，2002. 西方经学流派[M]. 上海：同济大学出版社.

郭涛，宋德勇，2006. 农村劳动力转移的二元经济内生增长模型[J]. 南方经济（8）：77-84 .

韩晶，1999. 中国过剩经济探究[J]. 新疆财经（6）：13-16.

凯恩斯，1987. 就业、利息和货币通论[M]. 北京：商务印书馆.

康帕内拉，1980. 太阳城[M]. 陈大维，黎思复，黎廷弼，译. 2 版. 北京：商务印书馆.

李实，佐藤宏，2004. 经济转型的代价：中国城市失业、贫困、收入差距的经验分析[M]. 北京：中国时政经济出版社.

李义平，2001. 刘诗白教授新著《我国转轨期经济过剩运行研究》评介[J]. 经济学动态（3）：77-78.

刘光杰，2000. 过剩经济：一个值得研究和认真探索的课题[J]. 经济评论（2）：33-34.

卢现祥，1999. 辩证地看待我国的过剩经济[J]. 商业经济研究（11）：18-20.

卢映西，2005. 生产能力过剩与消费能力稀缺：论西方主流经济学的基础性缺陷[J]. 经济学家（5）：4-10.

吕宗耀，2010. 餍足性假设下财富分配对国民收入的影响[J]. 贵州财经学院学报（4）：58-64.

马尔萨斯，1962. 政治经济学原理[M]. 厦门大学经济系翻译组，译. 北京：商务印书馆.

马尔萨斯，2013. 人口论[M]. 陈祖洲，欧阳萍，龙小彪，等译. 西安：陕西人民出版社.

马克思，1975. 剩余价值学说史：第 1 卷[M]. 郭大力，译. 北京：人民出版社.

马克威茨，2000. 资产选择：投资的有效分散化[M]. 刘军霞，张一弛，译. 2 版. 北京：首都经济贸易大学出版社.

慕刘伟，2000. 治理我国经济过剩的对策思路[J]. 经济体制改革（1）：22-26.

彭代彦，2002. 农村基础设施投资与农业解困[J]. 经济学家（5）：79-82.

彭代彦，2002. 农民进城的就业壁垒对农民收入增长和城乡收入差距的影响[J]. 华中科技大学学报（人文社会科学版）（3）：58-62.

萨伊，1997. 政治经济学概论：财富的生产、分配和消费[M]. 陈福生，陈振骅，译. 北京：商务印书馆.

沈坤荣，刘东皇，2012. 是何因素制约着中国居民消费[J]. 经济学家（1）：5-14.

斯考森，泰勒，2001. 经济学的困惑与悖论[M]. 吴汉洪，等译. 北京：华夏出版社.

孙自铎，2000. 过剩经济：特点、成因及对策[J]. 经济学家（2）：4-8.

汤静波，2000. 劳动力过剩和相对过剩经济的互动研究[J]. 上海经济研究（6）：12-19.

汪小勤，汪红梅，2007. “人口红利”效应与中国经济增长[J]. 经济学家（1）：104-110.

王检贵，1999. 城乡收入差距与经济相对过剩[J]. 上海经济研究（1）：8-12.

威廉·配第，2014. 政治算术[M]. 陈冬野，译. 北京：商务印书馆.

魏悦，2009. 西斯蒙第与凯恩斯的经济危机论[J]. 兰州商学院学报，25（6）：23-26.

吴斐丹，张草纫，1979. 魁奈经济著作选集[M]. 北京：商务印书馆.

西斯蒙第，1977. 政治经济学新原理[M]. 何钦，译. 北京：商务印书馆.

熊彼特，2008. 经济发展理论[M]. 孔伟艳，朱攀峰，娄季芳，译. 北京：北京出版社.

徐长生，王晶晶，2008. 宏观经济内外失衡的矫正与政策工具选择[J]. 改革（7）：34-41.

亚当·斯密，2015. 国富论[M]. 高格，译. 北京：北京联合出版公司.

颜色，朱国钟，2013. “房奴效应”还是“财富效应”？：房价上涨对国民消费影响的一个理论分析[J]. 管理世界（7）：34-47.

杨晨，1996. 论马尔萨斯与凯恩斯和弗里德曼的脉承关系[J]. 厦门大学学报（哲学社会科学版）（1）：58-62.

杨天宇，2001. 收入分配与有效需求[M]. 北京：经济科学出版社.

杨天宇，2009. 中国的收入分配与总消费：理论和实证研究[M]. 北京：中国经济出版社.

杨天宇，朱诗娥，2007. 我国居民收入水平与边际消费倾向之间 “倒 U”型关系研究[J]. 中国人民大学学报（3）：49-56.

约翰·罗尔斯，1988. 正义论[M]. 何怀宏，何包钢，廖申白，译. 北京：中国社会科学出版社.

张培刚，2009. 农业与工业化[M]. 武汉：华中科技大学出版社.

张玉英，赵文哲，2004. 经济增长理论中技术进步过程的新解释[J]. 江汉论坛（10）：51-53.

周密，刘秉镰，2017. 供给侧结构性改革为什么是必由之路？：中国式产能过剩的经济学解释[J]. 经济研究，52（2）：67-81.

周小亮，1999. 经济过剩运行的制度成因与相关政策选择[J]. 财经科学（11）：33-38.

ADELMAN L, MORRIS C T, 1978. Growth and Impoverishment in the Middle of the Nineteenth Century[J]. World Development,6(3):245-273.

AGHION P, HOWITT P, 1992. A Model of Growth through Creative Destruction[J]. Econometric, 60 (2): 323-352.

AHLUWALIA M S, 1976. Income Distribution and Development: Some Stylized Facts[J]. American Economic Review,66(2):128-135.

ALESINA A, PEROTTI R, 1996. Income Distribution, Political Instability, and Investment[J]. European Economic Review,40(6):1203-1228.

ALESINA A, RODRIK D, 1994. Distributive Politics and Economic Growth[J]. the Quarterly Journal of Economics (2):465-490.

ANAND S, KANBUR S M R, 1993.The Kuznets Process and the Inequality: Development Relationship[J]. Journal of

Development Economics,40(1):25-52.

BARRO R J, 2000. Inequality and Growth in a Panel of Countries[J]. Journal of Economic Growth, 5(1):5-32.

BORJAS G J, 1994. The Economics of Immigration[J]. Journal of Economic. Literature,12: 1667-1717.

BOURGUIGNON F, LUIZ A, PEREIRA D S, 2003. The Impact of Economic Policies on Poverty and Income Distribution[M]. New York: Oxford University Press.

BRARO R J, 1990. Government Spending in a Simple Model of Endogenous Growth[J]. Journal of Political Economy, 98:103-126.

CAMPANO F, SALVATORE D, 2007. Economic Development and Income Distribution[J]. Journal of Policy Modeling,5:134-158.

CARROLL C D, OVERLAND J, WEIL D N, 2000. Saving and Growth with Habit Formation[J]. American Economic Review,90: 341-355.

CASS D, 1965. Optimum Growth in an Aggregative Model of Capital Accumulation[J]. Review of Economic Studies, 32 (3):233-240.

CHARI V V, HOPENHAYN H, 1991.Vintage Human Capital Growth and the Diffusion of New Technology [J]. Journal of Political Economy, 99(6):1142-1165.

COHEN W M, LEVINTHAL D A, 1989. Innovation and Learning：The Two Faces of R&D[J]. Economic Journal, 99: 569-596.

DEININGER K, SQUIRE L, 1996. A New Data Set Measuring Income Inequality[J]. World Bank Economic Review,10(3):565-591.

DEININGER K, SQUIRE L, 1998. New Ways of Looking at Old Issues: Asset Inequality and Growth [J]. Journal of Development Economics, 57(2):259-287.

DELONG J B, SUMMERS L H, 1991. Equipment Investment and Economic Growth[J]. Quarterly Journal of Economics,106(2):445-502.

DIAMOND P A, 1965. National Debt in a Neoclassical Growth Model[J]. The American Economic Review, 55(5): 1126-1150.

DINOPOULOS E, THOMPSON P, 1998. Schumpeterian Growth without Scale Effect[J]. Journal of Economic Growth,3:313-335.

DOBB M, DOBB M A, 1973. Theories of Value and Distribution since Adam Smith[M]. Cambridge: Cambridge University Press.

DOMAR E D, 1946. Capital Expansion, Rate of Growth, and Employment[J]. Econometric, 14(2):137-147.

DUESENBERRY J S, 1949. Income, Saving and the Theory of Consumer Behavior[J]. Review of Economics and Statistics,33(3):257-271.

FEI J C H, RANIS G, 1967. Development of the Labor Surplus Economy: Theory and Policy[J]. The Economic Journal, 77(306):480-482.

FRIEDMAN M, 1957. A Theory of the Consumption Function[M]. New Hersey: Princeton University Press.

GORDON R J, 2017. The Rise and Fall of American Growth: The U.S Standard of Living since the Civil War[J]. Economics of Innovation and New Technology,28(6):653-655.

HALL R E, 1978. Stochastic Implications of the Life Cycle-Permanent Income Hypothesis: Theory and Evidence[J]. Journal of Political Economy, 86(6):971-987.

HANSON G H, 2006. Illegal Migration from Mexico to the United States[J]. Journal of Economic Literature, 44(4):869-924.

HARROD R, 1939. An Essay in Dynamic Theory[J]. The Economic Journal,14:63-75.

HICKS J, 1963. Theory of Wages[M]. London: Macmillan.

KALDOR N, 1957. A Model of Economic Growth[J]. The Economics Journal, 67(268):591-624.

KALECKI M, 1965. The Theory of Economic Dynamics[C]. London: Basil.

KALECKI M, 1966. Studies in the Theory of Business Cycles[M]. London: Blackwell in Oxford.

KEYNES J M, 1936. The General Theory of Employment, Interest and Money[M]. New York: Macmillan Publishing.

KLEIN L R, 1962. Measures of Productive Capacity[J]. Hearings before the Subcommittee on Economic Statistics of the Joint Economic Committee,87(2):61-63.

KNIGHT F H, 1944. Diminishing Returns from Investment[J]. Journal of Political Economy, 52(1):26-47.

KOOPMANS T C, 1964. Economic Growth at a Maximal Rate[J]. Quarterly Journal of Economics,78(3):355-394.

KRAVIS I B, 1960. International Differences in the Distribution of Income[J]. Review of Economic and Statistics, 42(4):408-416.

KUZNETS S, 1955. Economic Growth and Income Inequality[J]. The American Economic Review,45(1): 1-28.

LEWIS W A, 1954. Economic Development with Unlimited Supplies of Labor[J]. The Manchester School,22:139-191.

LI H, ZOU H, 1998. Income inequality is not harmful for growth: theory and evidence[J]. Review of Development Economics,2(3):318-334.

LUCAS R E, 1992. On Efficiency and Distribution[J]. Economic Journal, 102(411):233-247.

MARREWIJK C V, 1999. Capital Accumulation, Learning, and Endogenous Growth[J]. Oxford Economic Papers,51(3):453-475.

MENCHIK P L, DAVID M, 1983. Income Distribution, Lifetime Savings and Bequests[J]. American Economic Review, 73(4):672-690.

MUSGROVE P, 1980. Income Distribution, and the Aggregate Consumption Function[J]. Journal of Political Economy, 88(3):504-525.

PAPANEK G F, KYN O, 1986. The Effect on Income Distribution of Development, the Growth Rate and Economic Strategy[J]. Journal of Development Economics, 23(1):55-65.

PEROTTI R, 1994. Income Distribution and Investment[J]. European Economic Review, 38(3-4):827-835.

PERSSON T, TABELLINI G, 1992. Growth, Distribution and Politics[J]. European Economic Review, 36(2-3):593-602.

RAMSEY F P, 1928. A Mathematical Theory of Saving[J]. The Economic Journal,38(152):543-559.

ROBINSON J, 1953. The Production Function and the Theory of Capital[M]. London: Oxford University Press.

ROBINSON J, 1956. The Accumulation of Capital[M]. New York: St, Martin's .

ROBINSON J, 1969. Economics of Imperfect Competition[M]. London: Macmillan.

SAEZ E, ZUCAMAN G, 2016. Wealth Inequality in the United States since 1913: Evidence from Capitalized Income Tax Data[J]. The Quarterly Journal of Economics,131(2):519-578.

SAMUELSON P A, 1962. Parable and realism in capital theory the surrogate production function [J]. Review of Economic Studies, 29(3):193-206.

SCHUMPETER J A, 1961. The Theory of Economic Development: An Inquiry into Profits, Capital, Credit, Interest, and the Business Cycle[M]. Cambridge: Harvard University Press.

SHAIKH A, 1989. A Dynamic Approach to the Theory of Effective Demand[C]. Economics Working Paper Archive 19, Levy Economics Institute.

SKINNER J, 1988. Risky Income, Life Cycle Consumption, and Precautionary Savings[J]. Journal of Monetary Economics, 22(2):237-255.

SOLOW R M, 1956. A Contribution to the Theory of Economic Growth[J]. The Quarterly Journal of Economic, 70(1):65-94.

SQUIRE H L, ZOU H, 1998. Explaining International and Inter-temporal Variations in Income Inequality[J]. The Economic Journal, 108(446):26-43.

SRAFFA P, 1960. Production of Commodities by Means of Commodities[M]. Cambridge: Cambridge University Press.

SWAN T W, 1956. Economic Growth and Capital Accumulation[J]. Economic Record,32(11):334-361.

TODARO M P, 1997. Economic Development[M]. London: Longman.

WEINTRAUB S, 2016. Modern Economic Thought[M]. London: Basil Blackwell.

YAP L Y L, 1977. The Attraction of Cities: A Review of the Migration Literature[J]. Journal of Development Economics, 4(3):239-264.

ZUCMAN G, 2019. Global Wealth Inequality[J]. Annual Review of Economics, 11:109-138.